儲けのしくみ

50万円からできる
ビジネスモデル50

酒井威津善

自由国民社

はじめに

全国400万人の中小企業経営者、個人事業主の方へ！

1日15分！　50個の公式に当てはめるだけであなたの会社が爆発的に儲かりだす！


突然ですが、御社のビジネスには競合他社にはない「ビジネスモデル」はありますか？

もし、仮になくても心配ご無用です。

この本を1日15分、ちょっとした「スキマ時間」に目を通すだけで、御社オリジナルのビジネスモデルを思いつき、6カ月後には借入金すら雲散霧消しているでしょう。


この本を読むだけで、次のような実例をあなたも作りあげることができるのです！
・客単価を捨て、飲食メニューを提供せず、均一価格で高い利益を誇るカフェ。
・均一価格で株式上場まで果たした焼き鳥屋。
・古くなったブランド服をリノベーションし、1人10万円以上の高単価を稼ぐ服のお直し専門店。
・自らは作業をせず、スマホの修理キットを専門業者に販売して、市場を独占する米国のスマホ修理ツール販売業。
・発売後、即日完売。心霊スポットを回るタクシー。
・オリジナルのアクセサリーが制作でき、販売まで簡単にできるスマホアプリ。
・業務の多くをロボットに変え、人件費が大幅に減ったことで利益が倍増したホテル。
・銀行をコンビニ化し、10年間で個人客13万人、預金3千億円を増やした地方銀行。
・専門家によって書籍の要約を販売。6万人以上もの会員を獲得しているWebサイト。
これらの企業は、いわゆる大企業ではありません。

また、商品やサービスそのものに大きな目新しさはありません。

代わりに、高いコストを掛けずに構築した特徴的な**「仕組み=ビジネスモデル」**を持ち、大きな成果を上げているのです。


この本は、ビジネスモデルを発想するための本です。

ご存じのとおり、ビジネスモデルに関する書籍はたくさんあります。

それらの本と何が違うのか。先にこのことをお伝えしておきましょう。

なにせ、この本はビジネスモデルに関する本です。「他の書籍とは違う差別化」があって当然ですから。

既存のビジネスモデルの書籍との違いは次の3点です。

1、中小企業、個人事業主向けであること

資本をそれほど必要としないビジネスモデルを想定しています。

世にあるビジネスモデル関連の本は、次のような種類に分かれます。

①ビジネスモデルの事例

②ビジネスモデルの歴史

③ビジネスモデルの組み立て方

どれも違う切り口のように見えますが、1つ共通点があります。

すべて「大企業」向けなのです。資金にも人材にも余裕がある大企業の話。残念ながら、中小企業や個人事業主（フリーランス）の方の参考にはなりません。

もちろん、大企業の話が無駄、ということではありません。

勉強になる点もたくさんあります。

しかし、あなたが個人事業主や中小企業の経営者なら、きっとこう思っているはずです。

「しょせん、大企業のお話でしょ。うちにはそんなお金も人もいない」と。

日本の企業のうち、99％は中小企業です。少し大げさに聞こえるかもしれませんが、日本経済を支えているのは紛れもなく中小企業です。

新しいビジネスを立ち上げるとき、大企業ならそのネームバリューと資金力でいくらでもトライアンドエラーが可能です。十分な時間も人も投入できるでしょう。しかし、中小企業にはそんなことはできません。一度でもミスれば命取りです。

つまりは、既存の書籍に載っているようなケースはマネをしたくてもできないのです。


本書で取り上げるのは、そのほとんどがベンチャーや中小企業。

資本金0円で大きな成果を上げ、短期間で株式上場した例も1つや2つではありません。必ずあなたのビジネスに近いものが見つかるはずです。成功例をヒントに、少し応用を加えるだけで、ばく大な利益をもたらすビジネスモデルが生まれるのです。

2、1日15分読めばOK！であること

経営者の方は、とにかく忙しい。

ちゃんと勉強したいとは常々思っていても、1冊きちんと読み込む余裕などありません。

そこでこの本は頭から読んでいただく必要をなくしました。

とにかく忙しい方は、第3章の50の公式だけでOK。その他の章を飛ばしていただいても全く差し支えありません。少し余裕のある方なら、第2章でご紹介する発想法も試してみてください。

あなたがどれほど多忙を極めていても、さすがにトイレやお風呂、車に乗っているときの信号待ち、就寝前などちょっとしたスキマ時間ぐらいはありますよね？

そのわずか15分程度、さっと開いていただくだけでOKです。

読み込む必要はまったくありません。ざっと目を通す程度でいいのです。

第3章では、これでもかとふんだんに事例と公式を載せています。

そのどれか1節（だいたい2～4ページほど）に目を通すだけで、ある日、

「おっ！　これはいけるんじゃないか?!」

とアイデアが降ってくる瞬間に出会えます。


なぜ、そんなことになるのか。

経営者であるあなたは、24時間365日、会社が休みであっても仕事のことを考えているはずです。仕事のことでいっぱいになっている頭の状態で、ちょっとしたヒントが刺激にな

ってある日突然ヒラメキます。それは膨らみあがった風船に小さな針を近づけるような感じです。パン！と割れるように、トンデモないビジネスアイデアが生まれるのです。

もちろん、いつそれが来るのかは断言できません。でも、きっと一度や二度は経験したことがあるはずです。

「うん？　これは……」とまるで頭の上から何かが降ってきたような感覚を。その瞬間を感じていただくために、この本は構成されています。

3、実戦的な内容であること

サブタイトルにもある通り、この本の中でご紹介するのは、大学やビジネススクールで習うような代物ではありません。きちんとしたビジネス理論や戦略論を学んだ人からすれば、何なんだ？これは！と思われるでしょう。統計や分析といった数学も、聞きなれない専門用語もほとんどありません。

そのため、こんなくだらない本、読むに値しないとも思われるかもしれません。

でも、経営者であるあなたはよくご存知のはずです。

経営の現場は、「教科書」のようにはいかないことを。

とにかく泥臭く、勉強のように取り組んだからといって必ず成果があがるものではないことを。

また試験勉強のようにどこかに答えがあるわけではないことを。

大学では教えてくれない3つのことを意識して、この本をまとめています。

1つめは、いい意味での「ズルさ」。

ビジネスで他社のマネをするのは当然の戦略の1つです。しかし、教科書にはそんなこと一言も書いていないでしょう。

2つめは、中小企業・個人事業主向けであること。

大学の経営学部やビジネススクールで取り上げられるのは、もっぱら「大企業」です。資金や人材、そして何より時間がない中小企業や個人事業主の方こそが取り組める内容であること。

3つめが「知識」ではなく、アイデアを刺激する「ヒント」であること。

大学で使われるテキストは、すべからく「知識」として覚えるためのもの。難解な数式や理論をとにかく覚える。一方、この本の内容は覚える必要など一切ありません。書いてあるものを見て、「新しいビジネスモデル」を発想するためにあるのです。中身そのものはそれほど重要ではないのです。

そして、もう一つあるとすれば**「運」**です。

これも教科書にはありません。しかし、ビジネスの現場では「運のよさ」が大きく関わります。

運の悪い人間は残念ながら、成功することはないのです。

これは神頼みをするという意味ではありません。弛まぬ努力を重ね、さまざまな方法やアイデアを試し、何度も繰り返す。そうしているうちに、いい方向へと流れだす。これが運の力です。

本書の公式や発想を繰り返し読み、毎日アイデアを考える。この取組みによって「運」があなたの方へと流れてくるのです。

このような極めて実戦的な視点でこの本はまとまっています。

事例はベンチャー、中小企業。読まないことを前提とした構成。そして実戦的な内容。

長年に渡ってビジネスと格闘してきたあなたのお役に立つはずです。

この本の使い方

この本は、ちゃんと読む本ではありません。

1日15分。空き時間にパラパラめくる本です。


この本は「知識」を蓄える、つまり「勉強する」ための本ではありません。

この本は、1日たった15分だけ眺めるだけで、今までなかったビジネスモデルを思いつく本なのです。


この本を手に取られたあなたは、きっと経営者の方だと思います。

これまで悪戦苦闘を続けながら、試行錯誤を繰り返し、何度も成功と失敗を積み重ねてこられたはずです。

24時間365日、いつでも経営のことが頭から離れず、新しいビジネスを模索されているはずです。

おそらく、1分1秒が惜しい——それが本音だと思います。

しかし、そんなあなたであっても、1日のうちに何度かスキマ時間があるはずです。トイレ、お風呂、車で信号待ち、就寝前、朝起きたとき、通勤時間や取引先との打ち合わせ前などです。それらは時間にして10分、15分程度でしょう。

この時間、つまり**スキマ時間を使ってこの本を「眺めて」ほしいのです。**

繰り返しですが、「読む」必要はありません。ただ、眺めるだけでOKです。かかる時間はせいぜい5分から15分程度です。

この本のメインコンテンツは、第2章の発想法と第3章の公式集です。どちらも新しいビジネスモデルを生み出すためのヒントが満載です。この2つの章を中心に、ぜひ1日1節だけパラっとめくってみてください。いろんな切り口で登場する新しいビジネスモデルの仕組みが、必ずあなたの脳を刺激します。

知識ではありません。発想の刺激剤です。

経営者であるあなたが毎日この本に目を通せば、

「ん？　もしかしてこれってこんな風に応用すればいけるんじゃ……」

と、ある日、頭の中にふっとアイデアがおりてくる瞬間が必ずやってきます。

それはどんなときかはわかりません。

お風呂に入っているときかもしれませんし、うとうとし始めているときかもしれません。

あなたにこの瞬間をお届けしたいためにこの本はあるのです。


何度も繰り返しますが、この本は「知識を蓄える」ためのものではありません。

いわゆる、こうすればできるといったノウハウ本とは一線を画すものです。

しかし、確実にあなたの脳を刺激し、今までにはない新しいビジネスモデルの発想へと繋がります。


そしていつの日か、「この本から刺激を受けて思いついたビジネスで株式上場した、ばく大な利益を手にした」というお話をあなたから直接お伺いできる日を、心から楽しみにしています。

目次

第2章 ビジネスモデルを生み出す発想法　43

第3章 実例で見るビジネスモデルの公式50

第1章

ビジネスモデルは一部の天才だけのものではない

大学の経営学部でも教えてくれない「ビジネスモデル」の発想方法

大学やビジネススクールで教えてくれないこと。それは**「実戦的なノウハウ」**です。

あなたが飲食店のビジネスを始めたいと考えたとしましょう。

大学の教科書では、事業戦略の立て方から始まって、さまざまな理論の勉強が進むはずです。もちろん、これはこれで大切な知識ですが、しかし、ご存じのとおり、実際のビジネスでは教科書通りにはいきません。

例えば、

・今月末の支払いについてどうすればいいのか（資金繰り）
・先月末に請求書を送り忘れた（売上が入ってこない）
・顧客を獲得するための営業話法
・パワーポイントにまとめたサービス概要、パンフレットの作りかた

・ネットを使った宣伝やマーケティング

といったことについて、残念ながらテキストには載っていません。

このような現場レベルのことを、大学やビジネススクールでは教えてくれないのです。

ビジネスの現場においては、高尚な理論よりも具体的にどうすればいいのかが何より大切です。顧客の心を動かし、買いたいと思わせることや集金方法など、さらには一回ではうまくいかないため、トライアンドエラーに向き合うための大切さ、トラブルが起きたときにどうすればいいのかなどです。

実際のビジネスの現場で使えること。これはビジネスモデルの世界も同じです。

難解な経営学の教科書を開いて、理解できないフレームワークや戦略論にいちいち目を通している余裕はありません。

それらをきちんと勉強したからといって、先ほど挙げた例のように実際の業務に対応できるかどうかもわからない。

この本では、何より**「実戦性」**に重きをおいています。

そのために実際に動き、成果の出ているケースだけを取り上げ、さらに新しいビジネスモデルを思いつくようなヒントや例をふんだんにご紹介しています。

ビジネスの最前線で、日々奮闘しているあなたにとって、本当に役立つヒントだけを集めています。それは、プロスポーツの世界でいう「感覚」を養うイメージです。

陸上選手がひたすら走りこみ、どこにどう力をいれれば早く走れるのか、必ずその感覚があるはずです。それを掴むために、何度も繰り返し練習する。

ここに難しい体育理論はありませんよね？

もちろん、ゼロではないでしょう。しかし、何より感覚で掴み、そして実際の大会や試合で結果が出せることこそ重要なはず。そのために何度も何度も繰り返すのです。

新しいビジネスを考えることも同様です。ソフトバンクの孫会長が起業する際に毎日100個のビジネスアイデアを考えたというエピソードからも両者がよく似ていることがわかると思います。

しかし、考えることが大切とはいえ、1日に100個もアイデアを考えているヒマはありません。そこで簡単に、短時間で、専門知識がなくても「実戦性」のあるアイデアを思いつく——それが本書で紹介する「50個の公式」という方法です。

毎日15分、公式を見るだけで新しいビジネスモデルを思いつく。

大学で教わる方法とはあまりに次元が違い、本当にそんなことができるのかと思われたかもしれません。しかし、あなたもこんな例を1つや2つはご存知のはずです。
・ガラケーで成功したゲームアプリをスマホに載せ替え成功した
・牛丼チェーンの仕組みをカレーや天丼で展開し成功した
・カーシェアリングの仕組みを転用して、ハンドメイドアクセサリーで成功した
といった例です。

これらは、**既存の事例をヒントにして、少し応用しただけ**だと思いませんか?

自分でもそれを知っていたら、やれそうだとは感じませんか?

そうです。誰にでも実は可能なのです。要は、それを思いつけたかどうか。

それだけの違いなのです。

この発想する「感覚」を身につけるために「公式」があるのです。

成功した牛丼チェーンが持つ「公式」、スマホアプリで成功したアパレルブランドが持つ「公式」、新しいスタイルで成功したWebサイトの「公式」……。

毎日、少しずつ繰り返し眺めるだけで、アスリートのようにビジネスモデルを発想するための「感覚」が身につきます。そうして、続けていくうちに、ある日トンデモない利益モデルが頭に降って湧く瞬間が訪れるのです。

新しいビジネスモデルを考えるのは超簡単

ビジネスの世界において、これまでの方法にしがみついていては、学習し自ら発展し続ける人工知能に淘汰されるでしょう。同じ場所で同じことをやるのではなく、どんどん新しいやり方を「発想」すればいいのです。

とはいえ、どうやって発想方法を身に付ければいいのか。実は、とても簡単です。

新しいビジネスを生み出すことに限って言えば、ある程度の公式が存在します。

あなたがやるべきことは、簡単明瞭。

1日15分だけ50個の公式のどれかに当てはめる。たったこれだけです。

そんなことで新しいビジネスモデルを思いつくのか？　そう思われたかもしれません。

しかし、ある程度のパターンを元に成功している企業がいくつもあるのです。

例えば、第3章の公式集でご紹介するうちの1つ**「サイズを小さくする」**。

今あるビジネスのサイズを小さくしてしまえという発想です。

この公式を使って大成功を収めた企業の1つが、フィットネスジムの「カーブス」(http://www.curves.co.jp/)。

一般的にスポーツジムといえば、プールなどがある大きな場所をイメージするでしょう。

実際、多くのジムがそうです。

そこでカーブスは、ジムそのものを小さくし、住宅街で30分という短時間でやるスポーツジムを生み出したのです。その結果、国内だけでも500カ所を超える成果を出しました。

ここでちょっと考えてみてください。この仕組みに今までにはない目新しい点はありますか?

スポーツジム(といえば大きい)↓　小さい×スポーツジム

としただけだと思いませんか?

実は、こうしたちょっとした発想で成功を収めている企業が、それこそ山のようにあるのです。あなたに考えられないわけがないのです。

もちろん、小さいとはいえ、出店には相応のコストが発生します。

準備期間を含めた運転資金も必要でしょう。

しかし、トンデモなく難しいことだとは思えないでしょう?

そうなのです。あなたにもちょっとした発想や違う視点があれば、いとも簡単に新しいビジネスモデルを生み出すことができるのです。

とはいえ、どう考えればいいかわからない。

そのために、第3章でご紹介する公式集があるのです。


昔、中学や高校で習った数学の公式と同じです。順番に違うものを当てはめてみるだけ。理容室の事例があれば、そこへ駐車場を当てはめてみる。そんな感じです。

今までなかったビジネスモデルを「発想」する。これこそ人工知能にはマネできない芸当です。


これまでと同じ仕事をやり続けるなら、間違いなく人工知能に勝てません。

もちろん、人工知能を使ってそれをやるという逆手に取った方法も考えられます。しかし、それは誰でも可能になり、競合がさらに激しくなる未来を意味します。

かの孫子も言うとおり、「いかにして戦わずに済ませるか」です。戦うハメになった時点で、遅いのです。次から次へとどんどん新しいビジネスモデルを「発想」する。

これこそが勝ち抜けていくための最後の方法なのです。

分厚い専門書を読むより、発想法を身につけよう

この本を手にされたあなたは、今までいろんなビジネス書を読んできたと思います。

ここで少し振り返ってみてください。

それらを読んだことで、これは！という答えにたどり着きましたか？

残念ながら、そうはならなかったはずです。読み終わった直後は、これはいいヒントを得たと思っても、実はそれほどではなかった。きっとそんなことの繰り返しだと思います。


専門書なのに、なぜこうなるのでしょうか？

実は、多くの方が見落としている点があるのです。それは、**そこに載っているのはあなたのビジネスではない**ということです。

それはそうだろうと思われるかもしれません。しかし、だからこそ、いくら読んでも答えに繋がらないのです。

これはスポーツの世界に似ています。

良くヒットを打つ打者がいたとして、その人のマネをして打てるようになるでしょうか。

もちろん、少しはマシになるかもしれません。

でも、きっとまた元に戻るでしょう。

なぜなら、その人とあなたは別人だからです。

いくらマネをしても同じように打てるはずがないのです。


ビジネスも同じなのです。同じ業界で同じようなサービスをしていたとしても、競合や成功事例をいくらマネても、しばらくするとすぐに元に戻るだけ。


スポーツにしろ、ビジネスにしろ、なぜこうなってしまうのか。

それは、うまくいく確信がないからです。

つまり、自分でわかってやっているわけではない。

結果、うまくいってもいかなくても、なぜそうなるのかが不明なままだからです。

自分で発想する

そこで提案したいのが、自分で発想することです。

発想と聞くと「いや、そんなセンスはない」と反射的におっしゃる方がいます。

しかし、諦めないでください。

自分じゃ考えられないと思い込んで、過去の成功事例や高尚な戦略の本を読んでも同じことを繰り返すだけです。

発想すると聞くと、元々センスのある人だけのもののように思えるかもしれません。

先に断言しておきましょう。発想は人間であるなら誰にでも可能です。ここに例外はありません。できないのだとしたら、そう思いこんでいるだけです。

発想すること自体はとても簡単です。特にビジネスの世界に限っていえば。

もちろん、青色発光ダイオードのような世紀の発明をしろ！と言っているのではありません。ただ利益を上げる仕組みを考えるために、ノーベル賞を取るような並外れた知識も経験もいらないのです。


では、どうすればいいのか。

アイデアに関する本を読んだことがある人ならご存知かもしれません。

新しいアイデアを考える、発想するときに必要なことは、ただ1つ。

すでにあるものを掛け合わせること。ただこれだけなのです。

既存のもの×既存のもの＝今までにないもの

まったくゼロから生み出す必要はどこにもありません。
ビジネスであれば、すでにあるビジネスとビジネスを掛け合わせるだけ。
実際成功している企業の中に、たくさんこうした例を見ることができます。

あなたにも経験はありませんか？
あれ、これってどこかで似たようなサービスがあったような……。
はい。あなたのその直感は当たっています。
世の中の多くのビジネスは、すでにあるものをヒントにして成功しているのです。

例えば、東京都内を中心に、今や1千億円もの売上を持つディスカウントストアの「カクヤス」（http://www.kakuyasu.co.jp/）。特徴はその配達スピードです。都内に縦横無尽に張り巡らされた店舗網によって実現しています。
これはかの「ヤマト運輸」と同じ仕組みです。

個人宅から個人宅へスピーディに配達するために、エリア毎に配送基地を作り、その範囲内であればどこへでもすぐに届けられるようになっています。この仕組みによって、ヤマト運輸はそれまで実現不可能だとされていた「宅配」ビジネスを成功させています。

「カクヤス」がこれを応用して、「お酒」の配達ネットワークを構築したわけです。

既存のもの×既存のもの＝宅配サービス×お酒　＝　カクヤス

となり、今までにはない新しいビジネスモデルが誕生したのです。

もはや、都内でお酒の配達に関して「カクヤス」に勝つことは難しいでしょう。

それは、宅配で圧倒的な地位を確立したヤマト運輸と同じ。

あなたが新しいビジネスを発想するときも同じです。

すでに結果が出ているもの同士を組み合わせるだけ。

過去の事例をなぞるのではなく、それらをヒントに別のモノと掛け合わせ、新しいビジネスを生み出す。結果、これで今までなかった新しいビジネスが誕生し、圧倒的でばく大な利益を確保できるのです。

グーグルが急成長したのはビジネスモデルのおかげ

今や、グーグルで検索しない人はいないでしょう。わからないことがあれば、「グーグル先生に聞け」という言葉もあるくらいです。

米国カリフォルニア州に本社を構えるこの世界企業の設立は、１９９８年。今からわずか19年前。直近２０１６年１~3月（１Q）の売上は2兆5千億円、利益は約5千億円。なぜ、この短期間でこれほどの大企業になったのか。

それは、私たちと反対のことをやっているからです。

シンプルイズベスト

なぜグーグルが急成長できたのか。結論から参りましょう。

サービスを「シンプル」にした。これだけです。

ご存知のとおり、グーグルの検索画面を開くと、「検索キーワード」を入力する四角い枠しか出ていません。それを見て、私たちが取る行動も至極シンプル。検索したいワードを入力して、エンターキーを押すだけ。すっかり慣れてしまったので、もはや疑問を持つ余地もありませんが、このシンプルさにこそ優れたビジネスの共通点があるのです。

グーグルは立ち食いそばと同じ

私たちが日頃利用する立ち食いそば。実はグーグルと共通点を持っています。

それが「シンプル」であること。

ほとんどのそば屋さんでは、券売機があり、食券を購入します。購入した食券をカウンターのいる店員さんに渡す。これで注文は完了です。ちぎった半券をカウンターの上においてくれるので、間違った注文が入る心配もありません。しばらく待つと、注文した品がカウンターの上に出てきます。それを持って席に移動し、あとは食べるだけ。お金は支払い済ですから、食べたあとは食器を返却台に戻すだけ。非常にシンプルですよね。

人は頭を使いたくない

スマホが普及してもっとも影響が出たと言われているのが、人の集中力です。

長い文章や難解で頭を使いながら読むような情報は嫌われます。もっと他にわかりやすい情報がいくらでも存在するからです。

わかってくれるだろう、と思うのは危険です。理解しようと時間をかける前にさっさと違う方法を選んでしまう、それが大多数の人の行動です。

情報だけではありません。例えばさきほどの立ち食いそばも同じです。

注文の仕方が面倒。これだけで間違いなく敬遠されます。

「手間暇がかかっても食べたい」。そこでしか食べられない特別なメニューだとしたらそんなことも起こるかもしれません。しかし、ほとんどはそうはなりません。

あなたもきっと一度や二度は経験したことがあるはずです。

店員を呼んだのに来ない、注文したものと違う、どこに座っていいのかわからないなどなど。少しでも「えっ？　どうすればいいの？」と人に感じさせたらそこでアウトなのです。

とにかくシンプルに

あなたのビジネスがどのようなものであっても複雑さは命取りです。大学の研究論文やどこかの研究所で提出するレポートでもないかぎり、とにかく複雑さを取り除きましょう。

そのためには、人に**このビジネスがどんなものなのか、できるかぎり単純に説明してみる**

ことをオススメします。

ただ伝えるだけではなく、相手にどんな内容か、復唱してもらいましょう。

そのとき、相手が返答に困るようであれば、「伝わっていない」ということ。

もっと研ぎ澄ます必要があります。

もちろん説明だけではありません。立ち食いそば屋さん同様、サービス内容もです。

とにかくシンプルに。シンプルにすればするほどあなたのビジネスは飛躍的に成功へと近づきます。

ビジネスモデル＝簡単ではないという「ウソ」

「ビジネスモデルを考えよう」と聞くと、なにやら途方もない面倒なことをするのではと思ってしまいませんか？

お金も時間も人も必要。そもそもいいアイデアなんか思いつかない。いろんなことを試してみたけど、成功したことがない。いまさらビジネスモデルなんて考えたくもない……。

物事がうまくいかないことが続いたり、経験のないことをやらなければならないとき、人は気持ちが萎えたり、恐れを抱いたりします。

あなたがそういうイメージを抱いたとしても不自然なことではありません。

では、反対に気分よく、自信を持って取り組むためにはどうすればいいのか。

答えは至極簡単です。

人間には、よくわからないことやうまくいかないことに対して、不安になります。反対に「わかっていること」は取り組みやすいという性質があります。

この性質を活かせばよいのです。

ここでちょっと質問です。

学生時代、苦手な科目と得意な科目はありませんでしたか？

例えば、数学が苦手だったが世界史は得意だった。英語は嫌いだったが化学は好きだったとか。きっと少なからずあったはずです。

なぜ、こんなことが起きるのか。それこそが「わかる」かどうかにかかっているのです。

得意科目の場合、

・自分が得意だと思い込んでいる

・過去の試験で解けた成功体験がある

ことなどから、公式や例題をよく覚えています。その結果、その科目がどのようなものなのか、つまり正体が「わかっている」のです。そのおかげでどのような問題が出たとしても「なんとかなる」と思えるです。

一方の苦手科目は、いつかの試験でうまく解けなかったことが原因で、その正体が「わからなくなってしまっている」のです。一度、怖いと思ってしまうと、次の試験で解けないとさらにその気持ちが強くなり、結果、自分は「〇〇」が苦手だ、となるのです。

実はビジネスも同じです。営業が苦手な人からすると、営業が大好きだという人のことをどうにも理解しがたいでしょう。でも、実は先ほどの科目と同じことなのです。

営業が得意な人にとっては、「営業」という仕事でどうすればいいのかが、それが「わかっている」だから安心して取り組めるのです。反対に苦手な人にとっては、ほとんどお化けです。とにかく怖いとしか思えない。

ビジネスモデルもまったく同じです。

ビジネスモデルの正体とそれを「解く」ための公式さえわかれば、誰にでもたやすく、苦手意識を持つことなく、簡単に作り上げることができるのです。

それはまさに数学の公式と同じです。

数学の中に様々な公式があるように、ビジネスモデルにも様々な公式が存在します。しかし、構える必要はさらさらありません。公式さえ覚えていれば数学の問題が解けたように、ビジネスモデルも公式を見ながら考えれば、いくらでも新しいビジネスモデルを生み出すことができるのです。

ビジネスはスポーツと同じ。いきなりできる天才がたまにいる

野球やサッカーなどのスポーツ全般に言えることですが、練習もなくいきなりできる人、いますよね。教わらなくてもなぜかうまくできてしまう。そういう人です。天才とも呼ばれますね。

ルールもよくわからないのに、バッターボックスに立つとなぜかおもいっきり打ててしまう。もしかすると本人自身もよくわかっていないかもしれません。

ビジネスも実は同じです。

詳しいビジネス理論を知らなくても、なぜか成功してしまう人たちがいます。

もちろん、全然失敗しないというわけではありません。かのイチローも三振するときもあるでしょうし、ダルビッシュも時にはホームランを打たれます。

しかし、失敗を何度か重ねながらも、最後には大きな成果を上げてしまう。

海外ならビル・ゲイツやスティーブ・ジョブズ、Amazon のジェフ・ベゾス、国内なら京

セラの稲盛会長やＨＩＳの澤田会長、ソフトバンクの孫会長といった人でしょう。

ここで、「そういう人達のような優れたセンスなんかない」と諦めるのは早計です。スポーツの世界でも「努力と工夫」でのし上がり、大きな成果を上げている人が少なからずいるように、ビジネスの世界もセンスの代わりに「努力と工夫」で結果を出している人たちがたくさんいるからです。

ビジネスとスポーツの違い

そういう天才の人たちを見て、比較したり、落ち込んだりするのは無意味です。アスリートやプロスポーツの世界は、残念ながらセンスと努力がモノを言う世界。いわゆる天才には及ばない。これればかりはどうしようもないでしょう。

しかし、ビジネスの世界は違います。センスのある人でも失敗している例は枚挙に暇がありませんし、さほど目立つような人ではないのに、成果を出す人もいる。例えば、かのマクドナルドを世界展開に導いたレイ・クロックは、ミキサーの営業マンでした。

なぜそうなるのか。

それは、ビジネスにはスポーツほどの細かいルールや枠組みがない、からです。

守らなければならないルールは法律くらいでしょう。自社のビジネスにかかわる法律さえきちんと守っていれば、あとは工夫次第でいくらでも成果を出すことが可能なのです。

法律は、野球のルールほど細かく求められていません。セットポジションに入ってからファーストに投げたらボーク！みたいな。もちろん、建築基準法など厳しいものがあるのも確かですが、それでも「家のデザイン」や「コンセプト」にまで縛りはありません。いわんや、営業方法などもです。

つまりはやり方しだい。

先天的なセンスよりも**発想が勝る**可能性が十分にあるということです。

発想は誰にもでもできることです。

そして、このあとご紹介する公式や発想法を身に付ければ、なおさら簡単に新しいビジネスを生み出すことができるのです。

第2章

ビジネスモデルを生み出す発想法

新しいビジネスモデルを発想する「4つの軸」とは？

ビジネスモデルを発想するための4つの軸をご紹介します。

この4つの軸は、すでに様々なビジネスで使用されていますが、ちょっと応用するだけで新しいビジネスモデルの発見につながります。

第1の軸「対立概念」

1つめの軸は、「対立概念」です。

なんとなく聞いたことがある人もいると思います。

対立概念とは、「男性と女性」「表と裏」「善と悪」など中間が存在せず、対立している概念のことです。


この軸がどのようにビジネスに活かせるのか。

ズバリ、**反対に存在するものが使えないか**、という視点です。


例えば、外食と自炊。

外食産業が厳しい今、外食で用いられている食材を自炊用に販売できないか。

宅配と何が違うのかと言われそうですが、宅配の場合は調理済みで、その商品に調理にかかる人件費、光熱費が上乗せされるため、当然価格が張ります。

生協、「オイシックス」(https://www.oisix.com/)など食材販売とは、「日常性」「非日常性」で住み分けることが考えられます。例えば、あのミシュランで1つ星を取った表参道のイタリアンレストランの名物パスタが自宅で簡単に、といった感じでしょう。

私たちの生活でもっとも身近な存在であるコンビニには、これに該当する商品が以前から販売されています。「即席ラーメン」です。福岡の行列ができるA店のラーメン!といった商品をコンビニなどで見たことがあると思います。

もちろん、これを反対にして考えることもできます。

家で食べていたような、たとえば「おふくろの味」。これを外食にしてみる。

すると、実はすでにビジネスとして存在しています。

「かっぽうぎ」http://www.kappougi.jp/

対立概念は、もちろんこれだけに留まりません。

「エキナカ」なども駅の外と中。この着想で生まれたビジネスモデルです。

ぜひ、身の回りを中心に対立概念がないか、あれば順番を変えるとどうなるかを考えてみてください。

第2の軸「シーケンシャル」

シーケンシャルとは、順番に並んでいることをいいます。

例えば、上・中・下、高・中・低、1、2、3などです。

この**並びを変えてみる**。これが第2の軸です。

例えば、「価格」。価格の順番となると、そう、高価格〜低価格ですね。

高価格のものを低価格に、低価格のものを中価格に、といったことを考えてみるのです。

ビジネスの要素は、もちろん価格だけではありません。

「時間」などもそうですよね。長時間〜短時間。

長時間かかっていたサービスで、時間の短縮を図ってみる。

もちろん、その逆もあります。あえて、「遅く」してみるのです。

「時間は短いほうがいいんじゃ……」

いえいえ。ちゃんと存在します。短時間のものを長時間に切り替えたビジネスが。

例えば、JR九州やJR東日本が提供するクルーズトレインです。

JR東日本「四季島」(http://www.jreast.co.jp/shiki-shima/)

2泊3日で、スイートを利用すると、なんと一人70万円!!

もちろん、飛行機を使ったほうが余裕で早く回れます。が、そこをあえて、長時間かけて列車の旅として提供。贅沢な時間をゆっくりと過ごしたい。何かと慌ただしい現代ならではのニーズがあるわけです。

第3の軸「ビジネスプロセス」

ビジネスプロセスは2つ存在します。

需要と供給、つまり「提供側＝企業」と「利用側＝顧客」のプロセスです。

企業側のプロセスで有名なものが「バリューチェーン」。競争戦略の第一人者であるマイケル・E・ポーターが提唱した理論で、原材料の調達から製品・サービスが顧客に届くまでの企業活動を、一連の価値（Value）の連鎖（Chain）としてとらえる考え方です。

このままだとわかりづらいので、例を挙げましょう。

例えば、倉庫業です。

①倉庫建設　→　②営業活動　→　③契約締結　→　④保管業務　→　⑤付帯業務

こんな感じでしょうか。

さて、もう一方の**顧客側のプロセス**は、有名どころならＡＩＤＭＡ（アイドマ）。

Attention（注意、認知）→Interest（興味、関心）→Desire（欲求）→Motive（動機）→Action（行動）

という、マーケティングの教科書に必ず載っている考え方です。

要は、顧客が商品やサービスの購入までに至るプロセスのことです。

この2つは、それぞれビジネスにおける「提供側」と「利用側」のそれぞれの動きを表しています。この**それぞれの流れのどこかを変えられないか**。これが第3の軸です。

単純に流れを入れ替えることも可能ですし、流れのどこかを取り出すことも考えられます。

例えば、先ほどの倉庫業の場合、⑤の付帯業務に特化したサービスなどが考えられるでしょう。つまり、すでに倉庫業を行っている他社に対して、顧客の荷物が保管された倉庫のセキュリティサービスを提供する、ピッキング機能だけを提供するといったことが考えられるのです。

第4の軸「カテゴリー」

最後、4つめの軸は「カテゴリー」。

地域、産業、業態、種類などといったカテゴリーを、**今属しているものとは別のものに置き換えてみる**ということです。

新しいビジネスを考えるとき、同じ業態、つまり同一カテゴリー内での発想をしがちです。そこをあえて、別のカテゴリーに当てはめてみるのです。これが第4の軸です。

例えば、「地域」。北海道にしか売られていない商品を東京に持ってくる。東南アジアで流行っているものを日本に持ち込む、と考えてみる。

「産業」のカテゴリーなら、自動車産業で使われている販売手法をホテル産業に持ちこんでみる、といった感じです。

このときポイントになるのが、『**性質**』です。

自動車会社で使われている方法を、他へ転用できないかと考えるとき、それぞれの「性質」を押さえておきましょう。

例えば「建設業」や「システム開発業」は、人材集約型と呼ばれ、とにかく人を集めないとビジネスが回らないといった性質を持ち、百貨店などは、不動産業と似ていて、場所を貸して「賃料」を得る資本集約型の性質を持っています。

この「性質」を確認した上で、果たして当てはまるのかどうか、確認が欠かせません。

以上、4つの軸をご紹介してきましたが、それぞれの軸は単体ではなく掛け合わせることも可能です。ビジネスプロセスを変え、別の産業のやり方を持ち込んでみる、などです。

日頃利用しているサービスや、上場を果たしている企業のビジネスモデルを4つの軸に当てはめ、どこかチェンジできないか、考えてみてください。

「いいアイデアを思いつかなければ!」と力まないでくださいね。

むしろ、「ゲーム」をやるように肩の力を抜いて、リラックスしながら気軽な気分で取り組んでください。

自分でも驚くような斬新なビジネスモデルに巡り会えるはずです。

新しいビジネスモデルを90分で見つける【垂直思考】

垂直思考とは?

垂直思考とは、「具体化」と「抽象化」を行き来することです。

ん? どういうこと? ちょっとわかりづらいですよね。

例として、「本」でご説明しましょう。

「本」を**具体化**すると、例えば「村上春樹の小説」などになります。

さらに具体化すると、村上春樹のベストセラー「海辺のカフカ」です。具体的ですよね。

反対に「本」を**抽象化**すると、どうなるでしょう。

本は「紙」ですね。紙がまとまったもの。

具体化と抽象化を行き来すると、本は次のようになるのです。

紙　↓　本　↓　小説　↓　村上春樹の小説　↓　海辺のカフカ

他にも例を挙げてみましょう。

例えば、飲食店。具体化すると、「イタリアンレストラン」。さらに具体化すると、「恵比寿にあるイタリアンレストラン」、「○○氏のイタリアンレストラン」といった感じになります。

一方、抽象化すると、飲食店は「サービス業」です。

サービス業 ↓ 飲食店 ↓ イタリアンレストラン ↓ 恵比寿のイタリアンレストラン ↓ A氏プロデュースの恵比寿のイタリアンレストラン

この具体化と抽象化を行ったり来たりしながら、考えるのが垂直思考です。

垂直思考は、**2つの違うものの共通点と相違点**を見出すことができます。

簡単な例でいきましょう。

例えば、カフェと航空会社。

一見すると機能も値段も関係する法律もすべて違うビジネスです。

例えば、この2つを「抽象化」するとどうなるでしょう?

カフェは、コーヒーやスイーツを提供する場所。

一方の航空会社も食事を出しますよね。

つまり、この2つは「食事を出す」という点では共通していることがわかります。

ビジネスモデルに当てはめる

さて、肝心なことはここからです。

カフェと航空会社の共通点が、「食事を提供すること」というのがわかりました。

ここで、「カフェでやっていることを機内でできないだろうか？」と考えてみるのです。

例えば、少し値段のするスイーツを出す。スターバックスのフラペチーノのような。もちろんこれだけではないでしょう。

抽象化して、共通点を見出したら、今度は「具体化」して実際にどんな商品やサービスに落とし込めるかを考えてみるのです。

違う業界に共通点を見出す

飲食店とタクシー。この2つには、共通点があります。なんだかわかりますか？

そう、「運ぶ」です。飲食店では店内で食事を運び、タクシーは人を運びます。

一見、違うビジネスに見えて「運ぶ」という点では共通しているのです。

とはいえ、違いもあります。

飲食店は店舗の中、タクシーは外です。

ここで「おやっ？」と思った方、いますよね。

そう、飲食業にも「外に運ぶ」ものがありますよね。

そうです。「宅配」ですね。

車やバイクを使って、食事を「外」に運ぶ。タクシー同様、公共機関のように途中は止まらず、目的地までストレートに行きますね。


抽象化して、「運ぶ」という共通点を見つけたら、今度は、具体化して、何を運ぶのか、どう運ぶのかを変化させてみる。そうすることで、すでにあるビジネスの共通要素を使った新しいビジネスを発見することができます。

ぜひ、日頃から何かのサービスや商品を目にしたとき、「これを抽象化するとどうなるだろう?」と考えてみてください。意外なビジネスとの共通点を見つけられるかもしれません。


共通点が見つかれば、別のモノと置き換えて違うモノにできないか考えてみる。

この2ステップを踏むだけで、新たなビジネスモデルを見つけることができます。

ぜひ、やってみてください。

お金をかけずにビジネスを差別化する方法

どうやって他社と差別化をすればいいのか。

企業にとって永遠とも言える課題の一つです。

とはいえ、差別化するためにお金がかかりすぎるのでは、中小企業にとっては現実的ではありません。

あまりお金をかけずに他社との違いをお客さんに知ってもらう。

そんな都合のいい方法が果たしてあるのでしょうか？


実は、あるのです。

早速その3例をご紹介しましょう。

お金を掛けずにコンセプトを変える

1つめは、京都府向日《むこう》市にある商店街。

一見普通の商店街だったここを変えたのは、たった1つのコンセプトです。「京都向日市激辛商店街」(http://www.kyoto-gekikara.com/)。この名前の通り、商店街に属する48の加盟店が、各々のお店でとんでもない〝激辛〟のメニューを用意。ハバネロ酒、激辛だしまき、激辛カレーうどん、果てはハバネロ、カイエン、ブリッキー、からし、わさびなど10種類以上の香辛料を練り込んだ激辛ギョウザまで。

聞いているだけで舌が火傷しそうですが、世の中には辛いものが大好き、という方がいます。激辛を求めて全国から集まってくる人は、市の人口5万3千人をはるかに超え、なんと毎年20万人。

もはや、ちょっとした「アミューズメント」施設なみです。

人口の4倍という集客はすごいのですが、お金がかかっては意味がありません。

肝心なコストはどうでしょう。

有名な横浜の「新横浜ラーメン博物館」(http://www.raumen.co.jp/)とは異なり、場所は今の商店街のまま。大きな初期コストがかかっていません。

加盟店にかかる負担は、今あるメニューの激辛版を作るだけ。これだけです。

もちろん、仕入れなど多少お金がかかりますが、失敗すれば手仕舞いするだけ。

新たに店舗を出すことや、人を雇うことに比べれば安いものです。

これはニュース性を創出し、コストを掛けず、大きな話題の獲得を狙うという方程式です。

どうですか？　あなたにもできそうな気がしませんか？

1社でもできる差別化

2つめは、1社で実現できる「やったもん勝ち」方式です。

それは「何かをしない」という差別化です。

地下鉄丸ノ内線「南阿佐ケ谷」から徒歩10分ほどのところにある「結構人ミルクホール」(http://kekkojin.heya.jp/)。

いわゆるカフェなのですが、コンセプトが独特。

それは、「会話禁止」。このお店では会話は原則禁止なのです。

基本1人で来店すること。2人以上で来店する場合は、1人ずつ違う席に座るというルールなのです。

なぜ、こんなスタイルになったのか。

きっとだれでもこんな経験があるはずです。

静かに本を読みたいなと思って喫茶店に入ると、団体のお客さん同士の会話がうるさくてどうにも落ち着かなかったこと。

一人でゆっくりと過ごしたい、そんなお客さんをターゲットにしたのです。

結果、リピート率は高く、どこにもない差別化を実現しています。

顧客の資産を活用する

3つめは、さらにお金を掛けない発想です。

ズバリ、「お客さんの資産を借りてしまう」方法です。

最近登場したサービスでは、NPO法人空家・空地管理センターが行なう「100円管理サービス」(http://www.akiya-akichi.or.jp/) といった驚きのサービスも登場もしています。

自前で資産を提供するのではなく、顧客が持つ資産を活用する。

差別化を生み出しやすい切り口です。

コンセプトを変えるだけで儲かるビジネスモデルが生まれる

もっとも確実に差別化を図る方法は、「コンセプト」を変えることです。

ご紹介した事例の中では、最初の2つが当てはまります。

コンセプトを変えてしまうだけで、そこにしかないサービスや商品に生まれ変わります。

コンセプトとは、そのビジネスを一言でいい表すこと。

その「一言」を変えるだけで、まったく新しいビジネスが生まれます。

例えば、先ほどの事例、激辛商店街も、「激甘商店街」にして、スイーツをはじめ、甘いものだけを取り揃えた商店街にすれば、まったく異なるビジネスの誕生です。

ぜひ、新しいコンセプトを付けて、どこにもない新しいビジネスモデルを作り上げてください。大きなコストをかけることなく、ばく大な利益が得られるはずです。

「売らない」ビジネスモデルで儲ける方法

新聞の発行部数が減り続け、テレビ離れが進む今、いわゆる「中央集権型」のオールドメディアが力を失い、Ｗｅｂメディアによる「分散型」に移りました。

結果、これまで特定の人々だけのものであった「活躍の場」に多くの個人も参加できるようになりました。

そうした背景の中、ぜひ活用したいビジネスモデルの公式が、「個人の活躍の場を提供する」です。

人が輝く場を提供する

人は人から認めてもらいたい生き物です。

心理学で言う、「認知欲求」ですね。

この欲求を満たせば、ビジネスは間違いなく成功へと進みます。

具体的にどうすれば良いのか。答えはとても簡単です。

その人がたくさんの人から「賞賛」される場を作ればいいのです。

例えば、「ツリバカメラ」(https://tsuriba.camera/)。

釣った魚を誰かに見てほしい。自分で見つけた「穴場」を誰かに教えたい。

そういう気持ちを共有できる釣り人向けのスマホアプリです。

レジャー白書によると、釣り人口はこの10年で1490万人から770万人まで減少していますが、それでも「770万人」もいるのです。このうち仮に、10％の人がこのアプリをダウンロードしてくれたら、77万人。十分すぎる母数ではないでしょうか？

もちろん、釣りだけではありません。

趣味の世界は、「誰かに自慢したい、教えたい」欲求が高まる世界です。近年すっかり定着した「ハンドメイドアクセサリー市場」や料理の世界で上場を果たしたクックパッドもまさにそうでしょう。

誰かにこのレシピを伝えたい。美味しい料理を作れる自分を知ってほしい、そういう気持ちを表現する場を提供し成功しているのです。

参考までに、公益財団法人 日本生産性本部が毎年発行する「レジャー白書」の抜粋をご紹介します。趣味の人口のランキングは次ページのようになっています。

これらのカテゴリーに対して、どうすれば「参加者がアピールできるか」をぜひ考えてみてください。

マネタイズ7つの方法

人が自己アピールできる場を作る。このビジネスモデルで注意が必要なのは、「どうやって利益につなげるか」です。いわゆる「出口戦略」ですね。

ぜひ、このビジネスモデルを作る前に先に考えておきましょう。

考えられる方法は、ざっと7つあります。

①有料販売

スマホアプリとして有料で販売する。もしくは、入り口を無料で提供し、アプリ内で課金する。スマホゲームでよく見かける手法です。他のビジネスにも当然、応用できます。

②データをレポートにして販売する

コンサルティング会社などがよく行う方式ですね。データそのものを提供するのではなく、

趣味の人口

		（万人）
1	国内観光旅行（避暑、避寒、温泉など）	5,400
2	外食（日常的なものは除く）	5,000
3	読書（仕事、勉強などを除く娯楽としての）	4,990
4	ドライブ	4,870
5	ウィンドウショッピング（見て歩きなど娯楽としての）	4,510
6	複合ショッピングセンター、アウトレットモール	4,430
7	映画（テレビは除く）	4,050
8	動物園、植物園、水族館、博物館	3,690
9	ウォーキング	3,630
10	ビデオの鑑賞（レンタルを含む）	3,590
11	温浴施設（健康ランド、クアハウス、スーパー銭湯等）	3,570
12	音楽鑑賞（配信、ＣＤ、レコード、テープ、ＦＭなど）	3,560
13	カラオケ	3,400
14	宝くじ	3,340
15	園芸、庭いじり	3,000
16	トランプ、オセロ、カルタ、花札など	2,900
17	ＳＮＳ、ツイッターなどのデジタルコミュニケーション	2,770
18	テレビゲーム（家庭での）	2,680
19	音楽会、コンサートなど	2,560
20	ピクニック、ハイキング、野外散歩	2,440

（公益財団法人日本生産性本部「レジャー白書2015」より抜粋）

分析も加えたレポートにして販売する。

③広告収入

SNSを代表とする収益モデルですね。アプリやWebサイトに広告枠を設ける。もしくはアドワーズなどを利用する。

④売却する

サイトやアプリ自体を売却して現金収入を得る方法です。

⑤自社サイトへつなげる

他の4つとくらべて少し遠回りですが、自社の製品やサービスサイトにつなげ、そこで販売利益を作るいわゆるバックエンド方式ですね。

⑥広告宣伝費用として充当する

利益を生み出すのではなく、「コスト」を減らす考え方です。あくまで自社や自社サービスの宣伝として割りきってサービスを提供する考え方です。

⑦他から回収する

最近増えているのがこの手法です。広告モデルと似ていますが、利用者以外から売上を確保する方法です。例えば、さきほどの趣味の場合、関連する商品の案内を利用者向けに出して、売上から手数料をもらうといった方法です。

売る前提にしないことがポイント

ご紹介したビジネスモデルの最大の特徴は、いきなり何かを売らないこと。

何か売りつけられるんじゃないか、と感じるようなサービスに人は寄り付きません。デフレが進行する現在、ますます「何かを売る」前提で人を集めることは難しいでしょう。

ぜひ、ご紹介したような「何も売らない」という視点でビジネスモデルを考えてみてください。現在の空気感に沿った優れたビジネスを創ることができるはずです。

ビジネスモデルを生み出す6つの切り口

特殊な発明や製品の開発を除いて、特にサービス業の場合、ほとんどのビジネスモデルはこの6つのどこかをチェンジしたものです。

すなわち、あなたのビジネスでも6つのどれかを変えることで、大きな成果を出せるチャンスがあることを示しています。順にご紹介していきましょう。

1. 顧客を変える

ターゲットにしている顧客を変えるだけで新しいビジネスが生まれます。
顧客をどう変えるのか。例えば、次の3つの方法が考えられます。

①買わない客をターゲットにする

あなたの商品やサービスを何らかの理由で買ってくれない人です。

②利用者ではない人をターゲットにする

世の中の商品やサービスには、利用者と購入者が違うものがあります。

例えば子供向け商品。購入者は親や祖父母ですが、実際、使うのは子どもですね。同じように自分が使うわけではないが、誰かのために利用してもらうことを考えてみる。

③層を変える

ターゲットの層です。年齢、国籍、性別などを層に分けて考えることができます。20代、30代、60代、日本人、台湾人、中国人、アメリカ人、男性、女性などです。

①は、格安メガネチェーンの事例が有名ですね。ZoffやJINSが代表例です。これらの会社は、従来メガネを掛けなかった人たちに「ファッション」として、低価格でメガネを提供するコンセプトで成功しました。

②は、介護事業がわかりやすいでしょう。介護施設の利用者は、要介護の年配の方々です。もちろん、本人が決める場合もありますが、本人にその判断力がなければ、施設利用を決めるのは家族になります。

多くのサービスでは、利用者の利便性を最優先で考えますが、この場合、決済者である家族が利用しやすいというビジネスモデルも考えられます。

子ども向けの商品も同様ですね。利用者は子どもですが、購入者は親や祖父母。

③は従来の利用者層とは別の層に提供することです。例えば、介護施設向けのレクリエー

ション。ゲームやおもちゃ＝子どものものという発想を変えて成功しています。
ここまでが、顧客を変えてみるという視点です。

2．商品・サービスを変える

顧客の次は、「商品・サービス」です。
顧客など他の要素はそのままで、商品やサービスを変えてみるという視点です。
チェンジするポイントは少なくとも次の4つが考えられます。

①簡略化
②無料化または低価格化
③イージーオーダー
④コンセプト・チェンジ（別の付加価値を付ける）

①簡略化

既存のビジネスにある手続きや、手順を減らすことです。

この事例で最も有名なのが「ＱＢハウス」（http://www.qbhouse.co.jp/）でしょう。従来の理容室の流れを6分割し、普通60分はかかる散髪を「カット」だけに絞り込み、必要な時間を10分にして価格を1千円に均一化。大成功しました。

あまり言われていないことですが、実はここにちょっとしたトリックが隠れています。10分で1千円。1時間に直す（6倍する）と、そう、6千円ですよね。ここで気づかれた方もいるかもしれません。

そうです。1時間で6千円はもはや一般的な美容室並の価格なのです。10分1千円＝ああ、安いなと思いがちです。利益も薄いのかなと。しかし、こうして逆算してみると、実は意外と十分な利益が確保できていることがわかります。

簡略化を進めるときには、こうしたトリックも欠かせません。

②無料化または低価格化

従来費用のかかっていたものを無料化、または低価格化することです。一時流行った、フリーミアム戦略がまさにこれですね。

この方法を取るときに注意したいのが、「無料化」した分の収益をどこでカバーするか、です。売上を伸ばしたいからといって、安易に無料化したり価格を下げるのではなく、その分をどこかで補う必要があるのです。

例えば、好事例として、就活生と企業の採用担当者が出会う

「知るカフェ」http://shirucafe.com/
があります。
なんと大学生はタダ。運営費は、優秀な新卒を探しているスポンサー企業が出しているのです。無料にすることで間違いなく、大学生が集まります。そしてその分の費用を別で賄う。簡略化と同様、こうした仕掛けが欠かせません。

③イージーオーダー

ファストファッションのユニクロが今、積極的にイージーオーダーの展開をしています。もはや「安い」「品質が良い」だけでは顧客が満足しなくなったためです。

フルオーダーでやっていては採算が合いません。仮にできたとしても、売れるような価格では提供できないでしょう。そこで使えるのがイージーオーダーなのです。

基本的な「パターン」を用意しておき、その中から選んでもらう。

最近はなかなか見なくなりましたが、古い定食屋にあった「小鉢」と同じ考え方です。ある程度パターン化しておくことでコスト管理がしやすく、従業員への教育も属人的なスキルに頼るリスクも減らすこともできるのです。

④コンセプト・チェンジ

あらゆる業界が成熟期もしくは衰退期にある今、必要になるのがこの考えです。

商品やサービスを新たに生み出すのではなく、商品やサービスが持つ「意味」を捉え直す。

これがコンセプト・チェンジです。コンセプトを変えることで、そう簡単にはマネできない「差別化」が実現します。

わかりやすい事例では、テーマパークがあります。

次に上げるテーマパークはすべて「コンセプト」が異なります。

・東京ディズニーランド
・ユニバーサル・スタジオ・ジャパン
・よみうりランド
・ナガシマスパーランド
・富士急ハイランド

TDLはいわずと知れた、「魔法の国」ですね。

USJは、映画の中の世界が体験できること、よみうりランドは企業とのコラボ、富士急ハイランドは、最恐とも言われるお化け屋敷やジェットコースターなど突出した「驚き」がコンセプトです。同じテーマパークといってもこのようにまったく異なるコンセプトを持っているのです。

コンセプト・チェンジの優れた点は2つ。

1つは「お客さんがそのように認識してくれる」こと。恐怖体験をしたい人がTDLを選ぶことはありません。

そしてもう1つは、競合がマネしづらいこと。

コンセプトを似通わせるということは、そのまま本来自社が持っているコンセプトを丸々捨てることに他ならないからです。また、マネをすることで利益は間違いなく「食い合い」を起こします。

商品の機能や個別のサービス内容に手をいれる前に、ぜひ、コンセプトの見直しを図ってみてください。

3. 価格軸を変える

顧客、商品・サービスと来れば、そうです。次は「価格」ですね。

価格を変えるだけで、お客さんが雪崩を打ってやってくる可能性が出てきます。

有名な事例では、LCC（ローコスト・キャリア）。いわゆる格安航空です。今や、すっかり当たり前になりました。

意外と知られていませんが、ＬＣＣの競合は既存の航空会社ではありません。

一見すると、飛行機代が高いから安いものを出したと考えたくなりますが、それでは航空会社同士でカニバリゼーション（共食い）を起こしてしまいます。

ＬＣＣがターゲットとしたのは、「高速バス」なのです。遠距離の移動を値段の安いバスで移動する人たちを取り込むために、あのような安い価格を設定し、成果を上げているのです。

単純に値段を上げる、下げるだけではなくどこを狙って上げ下げするのか、こうした視点も持ちながら考えてみてください。

4. 場所を変える

売る場所を変えてみる方法です。

この発想で、見事な成果を出したのがｉＰａｄで魚を売るというやり方。インターネット経由で、ｉＰａｄの画面から、直接遠方にある港へ注文するという見事なビジネスモデルです。魚を売る場所を「スーパー」「魚屋」→ｉＰａｄに変えて成功したわけです。

売る場所は、２つに大別できます。

「アナログ」と「デジタル」です。

アナログでは、自社の店舗、他社の店舗の2つに分別できます。デジタルも同様。自社サイト、他社のサイトに分かれます。

例えば、美容室のスペース貸しなど、自力で場所や店舗を構える必要はありません。扱う商品やサービスの性質に応じて、どう変化させることができるか、ここがポイントです。

冒頭の魚屋さんのように、従来の売り場とは違う場所で売る方法も考えられます。

例えば、少し前にブームとなった「付録つき雑誌」。バックや化粧品、ダイエットツールなどが本に挟まれ、書店やコンビニに置かれる。まさに商品を売る場所を変えた事例の一つです。

従来からの場所ではないところで、売ることはできないだろうか。ぜひ、こうした視点で考えてみてください。

5. 時間帯を変える

時間帯を変えるだけで顧客が流れ込んでくることをご存知でしょうか。

今やすっかり生活の一部となったコンビニエンスストア。扱っている商品は、極端な言い方かもしれませんが、普通のスーパーとさほど変わりません。むしろ、扱う量では少ないぐらいです。商品点数が少ないと利便性が下がるのではと言われていましたが、見事に巨大な業界を生み出すまでになっています。商品数よりも営業時間のほうがお客さんにメリットがあったというわけです。

提供時間には工夫を凝らす余地があります。例えば、

- **週のうち何回かだけ**
- **週末だけ**
- **深夜・早朝だけ**

などです。

実際、週末しかオープンしない「スーパー」があります。営業は金・土・日の3日間だけ。月～木はお休みです。半分以上休んでも大丈夫なのかと思われるかもしれませんが、1週間まるまる開店しているときとほぼ変わらない売上があるそうです。週の半分を休みにすることで「人件費」や「家賃」などの固定費を大幅に減らせ、むしろ利益は大幅に増えたそうです。時間の概念を変えてみることで、思わぬ利益が生まれる可能性がある見事な好例です。

6. プロセスを変える

最後は商品やサービスを提供するための「プロセス」です。

さきほどご紹介したｉＰａｄで魚を売る例も、場所を変えただけでなく、魚を提供するプロセスを変えています。

従来なら、港 → 卸 → 小売 → 消費者となるところを、港 → 小売（しかもｉＰａｄ）→ 消費者としたわけです。

この他にも有名なケースでは、古くはDELL、近年ではユニクロやニトリのＳＰＡ(speciality store retailer of private label apparel ＝製造小売)、ヤマト運輸の配送基地など。さきほど簡略化で取り上げたＱＢハウスも同様です。

ＳＰＡは、製造から小売までその企業ですべて行なうプロセスです。小売だけにとどまらず、製造から自社で行なうことで原価を押さえ、安く製品を提供する仕組みを完結させています。

プロセスは、差別化を図る上でもっとも重要な要素です。

なぜなら、一度構築してしまえば、他社がマネしづらいからです。

他社が新たにそのプロセスを模倣するためには、新たな費用がかかるほか、独自色の強いプロセスを作り上げると、他社がやっても二番煎じになるだけでさほどのメリットが得られないからです。

複数の要素を変えるのもアリ

ご紹介した6つの要素は、いずれか1つだけではなく、2つもしくは3つチェンジさせることもアリです。どれか1つを変えた結果、別の要素が変わることもあります。

さきほど挙げたQBハウスも、プロセスを変えた結果、価格が変わり、提供場所も客足の多いエキナカや駅前へと変わっています。

なお、6つすべてを変えてしまうと意味がありませんのでご注意を。

6つすべてが違うと「既存ビジネス」とはもはや別ビジネスになってしまい、結果、お客さんが認識しづらくなる怖れが出てくるからです。

人は100%知らないものと、100%知っているものについては興味が湧きません。

この点に留意して、6つのうちのいずれかをチェンジさせてみてください。

きっと今までにはない斬新なモデルが生まれるはずです。

頭の体操！

ここでクイズを2つ。なお、正解はありませんので、気軽にやってみてください。正解を求めるよりも、とにかくいろいろ発想してみる。発想することを習慣化することが大切です。

では、参りましょう。

Q1　新しい学習塾

今までにない、新しい学習塾を考えてみましょう。

現在、学習塾にはどんな種類があるでしょう？

・一流大学専門　・勉強が苦手な子ども向け　・オンラインで授業を行なう

といった感じでしょうか。子どもの頃、通っていた方もいると思います。

では、さきほどご紹介した6つの切り口を変える方法で、新しい学習塾を考えてみましょう。いくつでも構いません。どんどん書き出してみてください。

参考までに例を上げてみましょう。こんなのはいかがでしょうか？

例えば、**【教える相手】**を変える、です。

ふつう、学習塾と言えば、受験生ですよね。つまり、子どもです。そこで子ども以外の学習塾を考えてみるのです。例えば、年配の方。生涯学習という言葉があるように、街のカルチャーセンターなどに通う人もいます。高齢化時代の今、ますますそうした人が増えるでしょう。自分が学生だったときには、家庭の都合で大学に行けなかった。今から大学に通いたい。そう思っている人のために、**「65歳からの大学受験」**というのはどうでしょう?

Q2　新しい美容院

続いては、新しい美容院を考えてみましょう。

美容院と言えば、髪を切ってもらい、キレイにしてもらう場所ですね。

国家資格を持った美容師がいて、予約を入れてお店にいくと、2時間ほどでキレイに整えてくれる。行くだけで気分が爽快になる素敵な場所です。

ところが、今、美容院業界は熾烈な競争環境におかれています。

店舗数だけでもコンビニエンスストアの4倍以上、約23万件（２０１４年時点）あり、なおも増え続けているそう。普通に髪を切るだけとか、とにかく低価格、では到底生き残っていけません。

そこで、今までにない美容室を考えてみましょう。

例えば、男性向け美容院。美容室を利用する男性は確かに増えましたが、「男性専用の美容室」というのはどうでしょうか。（すでにあったらゴメンナサイ）

実は、男性にとって美容室は意外と敷居の高いものなのです。お店の中に入れば、ほとんどが女性。もちろん、そんなこと気にならない人もいるでしょう。しかし、多くの男性陣にとってやはり気が引けるところもあります。

そこで、「男性専用　女性の方はお断り」の美容室を展開してみるのです。男性向け化粧品は見事に成功しています。同じように展開する可能性は十分です。

ちなみに、「理容室があるんじゃ？」と思われたかもしれません。

「理容室」と「美容室」はそれぞれ法律上の取り扱いが異なります。いちばんわかりやすいのが、髭剃り。理容いわゆる散髪屋さんではOKですが、美容では×です。反対に美容でしか提供できないものもあります。そのため、理容室とは別にあったほうが便利ではないかと考えた次第です。（平成28年4月1日より、美容師法改正により、同一の場所で、理容・美容の両方が可能になっています。ただし、それぞれの免許は必要）

※ビジネスモデルを考える上で、「関係する法律」のチェックは重要です。業界を紹介している書籍やWebサイトなどでどんな法律が関係するのか確認しておきましょう。

第3章

実例で見るビジネスモデルの公式50

公式

01 当たっているビジネスの一部をアレンジする

新しいビジネスモデルが登場すると、そのモデルをそのまま模倣するケースを見かけます。例えば、1千円カット。かのQBハウスが、全国に広がって以降、街中でカット1千円という看板をよく見かけるようになりました。

残念ですが、後発でそのままの方法で仕掛けると、インパクトも知名度も先行者には勝つことはなく、利益面でも厳しい状況になるでしょう。では、「おっ、これは」と思うビジネスモデルが登場したとき、いったいどうすればいいのでしょうか？

とても参考になる事例をご紹介しましょう。それは、大阪を中心に今急速に店舗を拡大している「HOGOKEN CAFE」。(http://www.hogokencafe.com/) これは「ドッグカフェ」という成功したモデルを「犬→保護された犬」にアレンジしたモデルです。

保護犬カフェは、そのままでは保健所で処分されてしまう飼い主のいない犬を保護し、里親を希望する来店者とマッチングする場所です。つまり、通常のドッグカフェが飼い主と一緒に訪れる「場所」であるのに対して、このカフェは犬と出会う「場所」という設定にしたわけです。

里親希望者は、コーヒーなどを飲みながら一緒にあそんだりし、気に入った犬がいれば、引取の手続きを経て里親になることができます。

ドッグカフェや猫カフェはすっかり定着して、1つのカテゴリーになっていますよね。だからといって、今からドッグカフェをやってどの程度までビジネスを持っていけるでしょうか？　疑問ですよね。そこで、必要となるのがこうしたもう一歩踏み込んだアレンジです。

ビジネスとして成り立つかどうかをチェックしよう

思いついたら、忘れてはいけないことがあります。

そう、ビジネスとして成り立つのかどうか、です。

保護犬カフェの場合、あまりいい話ではありませんが、保健所に持ち込まれる犬の数は、約5万3千匹。そのうち返還や譲渡されるのが3万1千匹。残りの2万2千匹が殺処分されている現状があります。（厚生労働省 犬・猫の引取り及び負傷動物の収容状況　平成26年度数値）10年前の殺処分15万匹に比べると大幅に減りましたが、それでもこの数です。少しドライな表現になりますが、ビジネスとして「供給」は十分あります。

そしてもう一方の「需要」。こちらは細かい数字を出すまでもありませんよね。犬の需要は相当なものがあります。つまり、このカフェはビジネスに欠かせない需要と供給、両方満たしたモデルなのだとわかります。

なお、このカフェの最大の特徴は「保護犬」というコンセプトだけではありません。「捨てられて処分されてしまう犬を0にする」という強い理念のもと、引き取ったあと最大1年間カフェへの報告をメールなどで義務付け、里親になる人への厳しい条件を付けている点です。一見、面倒にも感じられますが、この厳しさこそがこのカフェの「差別化要因」となるとともに、「信頼性」に繋がっています。

新しいビジネスモデルが出てきたときは、そのまま模倣するのではなく、ぜひ、このようにもう1歩踏み込んでアレンジしてみてください。驚くべき利益モデルが生まれるはずです。

この公式でこんなことも考えられそうです

例えば、「おひとりさま」×「カフェ」とか、居酒屋にある「相席」と「カフェ」なんていうのも考えられそうです。さらに踏み込んで、「バツイチ専門相席カフェ　子ども同席可託児所付き」なんていうのもいけそうです。相席は居酒屋の例で見事な成果を出しています。ぜひ、こうしたバカ売れしているやり方の一部を拝借しましょう。

公式
02
待ち時間に「価値」を提供する

以前、ａｕがショップ内に飲食コーナーを設ける話が出ていました。

携帯ショップの中に、飲食コーナー。なぜ、こんなことをするのでしょうか？

「お客さんを飽きさせない」だけではない

ほとんどの方が利用していると思いますが、タイミングが悪いと結構な時間待たされるのが、「携帯ショップ」です。

とにかく忙しいこの時代、無為に何十分も待たされるのは苦痛でしかありません。

ａｕがこの方法を導入したのもこのためです。

飲食コーナーを設けることで、待っている人がコーヒーなどを飲みながら、ゆっくりと待つことができる。

さて、ここが重要です。

仮にコーヒー1杯だとしても、侮ることなかれ。原価の安さはピカイチです。せいぜい数円から数十円。さらに、一般的な喫茶店と違い、コーナーとして設けたこのケースの場合は、人件費はそもそもショップで発生していますから、対コーヒーにはかかりません。

これが大きいのです。実際この手法は、様々なところで使われています。

大手なら、ＢＭＷやホンダのカフェ、渋谷にあるロクシタン・カフェなどが有名ですね。

「いまさら、飲食コーナーやカフェの設置なんて投資はできない」

あきらめないでください。多額の費用を掛けなくても、うまいやり方もあります。

例えば、

・乗り合いバスにお菓子の販売

・クリーニング店でＤＶＤの販売

なんていうのものあります。

乗り合いバスの中に「1つ100円のお菓子コーナー」。

クリーニング店で受付のすぐ横で「ＤＶＤ」の販売。

そんなもの売れるのか、と思いきや意外と売れるそうです。

使い古された言葉ですが、「ついで買い」です。

クリーニングの受付を待っている時間、バスに乗っている間の時間。これらをうまく活用した方法です。

なぜ、こんなことが通用するのか

人間の心理が大きく関係します。

携帯ショップであれ、乗り合いバスであれ、目的はそもそも決まっています。

携帯に関する手続きであったり、目的地への移動ですね。

当初の目的は果たされているか、もしくは果たされる途中にある状態です。

つまり気持ちに余裕がある。だから、別のことに目がむきやすいのです。


注意したいのは、本来のサービスがきちんと機能していることが前提です。

さきほどの携帯ショップの場合、もし手続きに不備があって、お客さんをイライラさせるようなことが起きれば、当然飲食コーナーも利用しないでしょう。坊主憎けりゃ……です。

クリーニング店もそう。きちんと仕上がるのは当たり前のことです。

安心感があるからこそこのやり方だということをくれぐれもお忘れなく。

待ち時間に顧客の満足度を上げるために、ぜひ追加のビジネスを発想してみてください。思った以上の利益が生まれるかもしれません。

この公式でこんなことも考えられそうです

・美容室でのパーマや予約時間までの「待ち時間」
↓アサイーなど美容飲料の提供
・病院での診察や処方箋受け取りの「待ち時間」
↓ウォーキングなど健康に関する動画提供
・レストランでオーダーが出てくるまでの「待ち時間」
↓簡単なボードゲームやクジ
※昔、喫茶店やレストランで100円の占いの機械がありましたよね。
・映画館での上映までの「待ち時間」
↓スマホに電子化した映画のカタログや公開予定の予告動画の配信

公式

03

「おひとりさま」を意識する

デフレが進み、ますます景気が厳しくなる中、ビジネスの環境が大きく変化しています。そんな中、ぜひ目をつけていただきたい一つが労働環境です。労働環境が変わると、人々の生活スタイルや行動パターンが変わります。そこに「ビジネスチャンス」があるのです。こうした変化に対して、見事なモデルで切り込んでいる事例をご紹介しましょう。

コンセプトは「おひとりさま」

ご紹介するのは、新たなカフェ。

スタバが依然好調、マクドナルドも裏メニューなどニュース性のある話題を打ち出す中、既存のスタイルとは一線を画すカフェです。コンセプトは「おひとりさま」です。

「3rd SEAT」（http://3rd-seat.com/）

「あれ、どこかで聞いたような……」そうです。スタバが標榜する「third place」を思い出されたかもしれません。

このカフェが提供するのは、従来のカフェと大きく異なる「1人専用」の席。背の高さ分あるパーティションで区切られ、全席にオットマンが付き、180度のフルリクライニング、コンセントも付いてデスクワークも可能な豪華なチェアです。飛行機のビジネスクラスやファーストクラスをイメージさせます。

豪華なイスだけではありません。3rd SEATは、
・食事の持ち込みが可能
・密閉された酸素ルームやカップルでの利用が可能な2シートルーム
といった、従来のカフェとは完全に違う価値も提供しています。

肝心な料金は2時間パックで1980円。(酸素ルームは1時間2千円)ちょい飲みに行っても、これくらいはしますから、悪くない価格帯です。

この3rd SEATが生み出された背景にあるのは、多くの企業が導入する水曜日の「ノー残業デー」です。定時になったら一斉に電気が落とされ、上司や部門長からとにかく帰れと促される。とはいえ、そのまま家に帰っても実は居場所がなく、できればしばらく外にいたい。そういうサラリーマンの方が増えているそうです。そうした悩みを抱えるサラリーマンの「疲れ」を癒やし、1人で過ごす場所を提供しているのです。

家でも、学校でも、仕事場でもない、第三の○○。まだまだ開拓の余地があるコンセプト・ワードです。

食事を出さない

このカフェは、食事メニューがなくコーヒーマシンやオーガニックティー、ジュース、炭酸飲料といった飲み物だけが提供されています。(フードに該当するのはシリアルバーとビスケット）利益率の高い飲食メニューを出さないのはなぜ？と思われたかもしれません。

食事メニューを出してしまうと、「人件費」がその分かかるため、です。元々本業で飲食ビジネスを行っているのであればその転用も可能ですが、一からこうしたビジネスを進める場合、当初はできるかぎり「人手」のかからないオペレーションを組むほうがベストです。

この公式でこんなことも考えられそうです

・おひとりさま居酒屋　・おひとりさまバー　・おひとりさま結婚式（すでにあります）
・おひとりさまゴルフ（すでにあります）・おひとりさま麻雀
・おひとりさまカラオケ（すでにあります）

公式

04

人間の承認欲求を活用する

人には様々な欲求がありますよね。例えば、「食欲・性欲・睡眠欲」の3大欲求。中でも情報が溢れる今、もっとも求められているのは、「承認欲求」です。人にわかってもらいたい、知ってもらいたい。Facebook や Twitter、インスタグラムなどSNSが爆発的に広がったのは、この欲求のためです。

この欲求をSNS以外でビジネスに活かす方法はないのでしょうか？

実は、見事にこの欲求に応えたモデルが存在します。100人100通りの人生を紹介し、メディアを立地化し、収益を上げているビジネスモデルです。

100人100通りの人生を紹介する

「another life」（https://an-life.jp/）

人それぞれ様々な人生があります。100人いれば100通りです。仮に同じ仕事をしていたとしても、人生はそれぞれ違うでしょう。

とはいえ、よほどの有名人でもないかぎり大多数の人は、これまでの人生を誰かに詳しく知ってもらう機会はほとんどありません。そこで、このサイトではその人の人生を、
・人生の時間を何に費やしたかという「意志」
・意志を形成したこれまでの「体験」
・意志によってもたらされる「行動」
という3点で記事としてまとめ、様々な人を掲載しています。

もちろん、記事を載せることだけが目的ではありません。目的は、その人の人生を通じて生まれた**「価値観の共有」**です。

様々なマッチングサービスがありますが、このアナザーライフは、その人の生きざまから生まれた「価値観」に共感する人との出会いをサポートする場なのです。

経歴や出身地などで繋がる場合もありますが、同じ価値観に優るものはありません。生涯を通じた友人になれる可能性があるのです。

なぜうまくいくのか

うまくいく理由は2つ。

1つは、冒頭でお話ししたとおり、人間は誰かに自分のことを知ってほしい生き物であること。人口が減少し、情報過多になる中、ネット上だけのつながりだけでは味気ないものです。そうした中、ますます「自分のことを知ってほしい」、「学歴や職歴だけではないこの人の考え方や価値観を知りたい」「同じ価値観の人とつながりたい」というニーズは増え続けるでしょう。

もう1つが、継続性です。人口減少とはいえ、日本だけでも1億人以上。また、だれかに自分のことを知ってほしいという欲求は万国共通です。アジアや欧米へ展開する余地は十分あります。また、世界規模で考えれば、人は増え続ける一方。つまり、需要も供給も絶えることがないわけです。

ニーズマッチとビジネスの継続性が揃っている以上、今後も成長し続けることは間違いないでしょう。

この公式を使って考えられるビジネスモデルの例

すでにあるモデルでは、「ハンドメイドアクセサリー」があります。世界大会が開かれるほど広がりを見せています。一見、自分が作った「商品の販売モデル」に見えますが、その実、商品を通して自分を認めてもらいたい欲求が隠れています。

週末に駅前などで開かれる「フリーマーケット」もそうでしょう。

ハッキリ言って、フリマで何かを売ってもそれほど儲かりません。

しかし、商品の売買を通じて様々なコミュニケーションが取れる。これこそが利用者にとっての最大のメリットなのです。

同じように、自分自身だけではなく、その人が手がけた「何か」を紹介したり、紹介できる場を作るビジネスモデルが考えられそうです。

ご紹介した事例は「個人」でしたが、さらに枠を広げて、「家族」「近所」「コミュニティ」といった切り口も考えられます。

また、自分史、自費出版など本来ならあまり目立たないものを集め、紹介するのも考えられそうです。

ぜひ、「承認欲求」に着目して、ビジネスを考えてみてください。

きっとあなたも驚くような利益を生み出すはずです。

公式
05
戦う土俵を変える

商品やサービスの売上が落ちてきた。

こんなとき、「広告を打つ」「売り方を変える」といった方法も考えられますが、市場が飽和している場合、あまり結果は期待できないかもしれません。

では一体どうすればいいのか。

売り物はそのままに、「戦う土俵を変える」というビジネスモデルがあります。

どういうことでしょうか？

見事な事例とともにご紹介していきましょう。

ハイスキルな人材を別の世界で活用する

「Air-sol」（http://www.air-sol.net/）
高い語学力や接客力を備えた外資系ＣＡ（キャビンアテンダント）を秘書業務や通訳業務

などへアウトソースするサービスです。

一昔前であれば、ＣＡは憧れの職業でした。しかし、今や派遣や契約社員が大多数を占め、待遇もそれほど良くありません。むしろ、煩雑な業務内容と比べると安すぎるほどです。

ＪＡＬやＡＮＡといった大手航空会社であれば、年収も高くなりますが、格安航空会社（ＬＣＣ）などでは、３００万円を切るところさえあります。

とはいえ、語学力や接客力をはじめとして、ＣＡになるほどの人は高い能力を持っています。いわば、その報酬に対して「宝の持ち腐れ」状態。

そこで、航空会社以外にもこの能力を提供しようと考えたのがこのサービスです。

高い語学力と要人などへの高い接客力は、他の業界にはそうそうありません。強いて言えば、高級ホテルぐらいでしょう。つまり、このスキルを持って他業界へ乗り込めば差別化要素が満載なわけです。

なお、既存のサービスや商品を他のカテゴリーへ転用するとき、注意したいのはコストです。事例のケースでは、翻訳や秘書サービスへの転用ですから、そもそも持っている接客力や語学力がそのまま使えます。

しかし、商品やサービスの種類によっては、その業界に合わせるために、追加でコストがかかる恐れもあるのでこの点には注意が必要です。

そうしたことを避けるために、あらかじめ新たに参入する先のサービスの流れを洗い出しておくことが肝心です。

この公式を使って考えられるビジネスモデルの例

ご紹介したような「専門性の高いスキル」はCAだけではありません。同様のサービスで「ホテルマン、ホテルウーマン」も当てはまります。

それ以外にも、次のような独自のノウハウを持った人たちがいます。

・学校・大学の先生（専門性の高い分野）を企業研修に転用
・レーサー（車、バイクなど）
・アスリート（世界大会や五輪出場経験者など）
・ゲーム製作、音楽製作のプロ

このほか、「モノづくりに従事している人」も当てはまるでしょう。

今の提供方法とは違う利用方法や利用場所を考えることで、新しいビジネスモデルを生み出す可能性を秘めています。

公式
06 サービスを届ける

少し前であれば、ネットで何かを購入しても数日かかるのが当たり前でした。

しかし、今や早ければ1時間。普通に買い物へ行くのと同じか、それよりも早い時間で商品が届く時代です。もはや、同じ土俵で戦うのは難しいでしょう。

そこで、少し見方を変えて違うものを届けることを考えてみましょう。

届けるのは「人」

「MICOLY（ミコリー）」（https://micoly.jp/）

なんと、プロのネイリストが訪問するサービスです。

ネイリストが自宅など希望する場所にやってきて、直にネイルサービスをやってくれるのです。

ちなみに、国家資格である美容師・理容師は法律の縛りがあるため、簡単にはできません。

民間資格であるネイリストだからこそできるビジネスです。

このビジネスモデルの最大のポイントは、そのサービスよりも「オンライン」の逆を突いていることにあります。本来、ネイルにしても美容にしても、こちらから出かけていくもの。しかし、この常識に縛られたままでいると、どうなるでしょう。そうです。よほどの「差別化要素」がない限りクーポン配布などを前提にした「価格競争」に陥るのが関の山です。

常識と思われることを覆してみる。ここにビジネスチャンスがあるのです。

リアルVSデジタル

ネットビジネスが真っ盛りの今、あえて、リアルでビジネスを考えてみる。そこには、リアルならではの強みがあります。リアルがデジタルに優る最大のポイント、それは「関係性の構築」です。

ECサイトが拡大する中、まだまだアパレル業界の売上の多くをリアル店舗が占めるのもこのためです。

（あくまで現時点です。人工知能が恐ろしいスピードで発達している今、スマホ経由でアナログの接客とさほど変わらない仕組みが出てくる可能性もあります）

提供側だけの理由ではありません。お客さんも店員との会話やお店の雰囲気、ショッピングの楽しさを求めています。だからこそ、デジタルにはできないきめ細かいサービスやフォローなどを組み込んでおくことが差別化につながるのです。

このビジネスモデルで注意したいこと

このモデルを参考にする上で注意したい点が2つあります。

1つめは、参入障壁が低いこと。

ネイルの場合、資格もなにも必要ありません。技術が不要というわけではありませんが、一定期間勉強すればだれでも可能です。

出張サービスも同様です。特に難しい点はないでしょう。

だからこそ、マネされてもいいように、もう一工夫入れるか、もしくは先行逃げ切りを狙うかをあらかじめ計画しておくことが重要です。

もう1点は、置き換えのリスク。

マネされることと似ていますが、後発で出てきたサービスのほうが利便性や価格面で優れている場合、お客さんを持っていかれる恐れがあります。

ご紹介したネイルビジネスの場合、そのままでは「デジタル」への置き換えはできません。

例えば、ネイルをあらかじめ施したつけ爪を販売する、という方法もあります。

利用者が自分用のつけ爪を郵送すると、それにネイルを施して返送してくれるサービスです（既にあります）。もしくは、スカイプなどの通信やチャット機能を使って、オンラインで方法を教えるといったやりかたも今なら容易にできます。

こうした置き換えされるリスクもぜひ注意しておいてください。

この公式を使って考えられるビジネスモデルの例

事例以外で当てはまりそうな「専門家」はいないでしょうか？

すでに展開されているサービスであれば、「家庭教師のトライ」（http://www.trygroup.co.jp/）が提供する大人向けのサービスがありますね。ピアノ、水泳、ギター、料理、ゴルフ、ペン字といった「趣味・スポーツ」、英会話など「語学習得」、公務員試験や簿記などの「資格試験」の家庭教師サービスです。これ以外にも、

・将棋や囲碁　・文章教室　・映像製作　・絵画　・ウォーキングやダイエット

・ヨガ、筋力トレーニング　なども考えられそうです。

なお、大手に対抗するため、できれば特定のものに絞ることをオススメします。手を広げると、管理コストが高くつくほか、１つ１つのクオリティを引き上げるために手間と時間がかかってしまうためです。

公式
07
既存のビジネスの流れを逆にする

新しいビジネスを考えるとき、常識が邪魔をしてつい「同じ流れ」で考えてしまいます。例えば、カフェビジネスなら、一般的なカフェのスタイルを参考にする、といったことです。

もちろん、既存ビジネスのスタイルを【分割】や【統合】するなどアレンジを加えて成功しているケースもたくさんあります。

しかし、絶対的な差別化を構築し【脱・価格競争】を実現するのであれば、もう一歩踏み込んで、流れそのものを反対にする視点で考えてみましょう。

「流れを反対にする？」一体どういうことでしょうか？

具体的な事例を交えながら、ご紹介しましょう。

真逆を考える

ご紹介する事例は、【書店】です。

書店・出版市場はご存知のとおり、今非常に厳しい状況です。

書店はこの20年間で約半数に減ったと言われています。

市場参加者である出版社、取次、書店によって様々な戦略が取られていますが、なかなかうまくいくケースが見当たりません。

そうした中、冒頭でご紹介した【流れを逆にする】という視点を取り込んだ秀逸な事例が出てきました。

関東近郊でチェーンを展開する「ブックスタマ」の仕掛けです。

「ブックスタマ」(http://www.bookstama.com/)

従来の書店の流れは、著者（執筆）↓出版社（企画・構成・デザイン）↓印刷会社（印刷）↓取次（卸・流通）↓書店（販売）です。

書店はバリューチェーンの最後に位置し、本を委託販売するポジションです。消費者は本屋に立ち寄り、目当ての本を探したり、立ち読みしたりして、本を購入する。書店と利用者との間にあるのは、本の売買という接点だけでした。

これはかのアマゾンでも同じです。

ここにブックスタマが提供したのは【本を出す】という新しい付加価値。

コンセプトは「行くだけで著者になれる書店」。書店に行くと著者になれるチャンスがある。

まさに、さきほどの流れの逆ですね。

ブックスタマには、「出版企画応募要項」が付いた指定書籍があり、これに応募すると40社に上る出版社に企画書を提出できるという仕掛けです。

本を読む人の中には、「いずれ自分でも本を出したい」と考えている人が少なからずいます。そうした隠れたニーズに光を当てたのがこのビジネスモデルです。

利用者は本を購入して知識を得るだけでなく、本を出す側、つまり知識を提供する側のチャンスを得ると同時に、書店は利用者に【本を売る場所】だけでなく、【著者になれる窓口】になったのです。

顧客が諦めているニーズを探れ

そうなればいいな、と思ってもそう簡単にいかないことが世の中には沢山あります。その1つが本を出すこと。著者になることです。

ビジネスに関する多くの分野では【プロになるための道】が専門学校や大学などで用意されています。授業料を支払い、何年かがんばって通えば資格が取れ、晴れて専門家になれるチャンスがあります。

しかし、著者になるための道は……思い当たりませんよね。

どうやってなれるのか。明快に答えられる人は出版関係者以外にはいないでしょう。実現したいけど、実現するための手段がない。そうして諦めている人はたくさんいます。そうした人に向け、実現手段を提供する。今までは無理だと思っていたことが、どうやらできそうだとなれば、間違いなく一定規模の人が動きます。ビジネスチャンスになる可能性があるのです。

注意しておきたい3つのポイント

このビジネスモデルに限らず、新しいビジネスモデルを発想する際に注意したいことが3つあります。

1つめは、コスト構造。

すべてのビジネスモデル発想に共通する必須のチェック項目ですね。オペレーションを設計したら、コスト構造はどうなるのか。ぜひ考えてください。

もちろん、いろんなシーン別の想定が必要です。ビジネスはそうそう思い通りに運ばないからです。

2つめは、参入障壁。

ブックスタマの事例では、ビジネスモデルを構成する3つの要素が組み合わさって、簡単にマネができないようになっています。

同じ手法で参入するためには、少なくとも①リアル店舗、②出版企画書作成ノウハウと出版社へのルート、さらに③拡散機能の3つが必要です。顧客との接点になる店舗をWebサイトに置き換えることは可能かもしれませんが、そのあとのフローはそう簡単に構築できません。新しいビジネスモデルを思いついたら、その完成形が他社や他業界によってそう簡単にマネできないかどうかのチェックを丹念に行ないましょう。

ビジネスには、野球でイチローを目指すような難しさはそうそうありません。

だれかができたということは、他の人にもできることを同時に証明しているからです。最後の3つめは、既存資産の活用。極力、今ある資産を活用しましょう。

理由は2つ。最悪のケースを想定し、失敗に終わっても原状回復が簡単であること。

そしてもう1つが、利益率を高めること。

さきほどの事例でも、既存の書店としての流れは何も変えていません。新たに対象となる【書籍】を指定しただけ。

それによって書店に立ち寄る人が増えれば、そのまま売上が伸び、利益もアップします。

新しいビジネスモデルを考えるようとすると、つい手段も「新しいもの」をとなりがちですが、そんな必要は一切ありません。

今あるものを最大限活用し、利益を大きくすることを念頭において考えてください。

この公式を使って考えられるビジネスモデルの例

流れを逆にする。この公式を使って他に考えられそうなビジネスモデルには次のようなものがあります。

・観客が参加できる劇団
↓かなり近いものは存在しています。
・プロデビューできるカラオケ
↓第一興商のDAMがすでに行なっていますが、かなり参考になります。
・週末農家向けスーパー
↓週末だけ畑の一部を借りて、農作業をする人たち向けの出口を提供。

公式

08 新しい常識を創る

「これはこういうものだ」私たちは多かれ少なかれそうした「先入観」や「固定観念」、そして常識や慣習にとらわれています。実は、この常識や慣習を打ち破ることこそ、新たなビジネスモデルを作る絶好のチャンスなのです。

そんな簡単に思いつかないと諦めないでください。

成熟している業界で見事に常識を破ったビジネスモデルをご紹介しましょう。

自己負担5万円で100人呼べる結婚式

「会費婚」(http://www.kaihikon.com/)

なんと、自己負担5万円で結婚式が挙げられるサービスです。

「5万円？　少し前に流行っていた格安結婚のこと？」いいえ。違います。きちんとした結婚式です。それも100人も呼べるような。

いったい、どういう仕掛けになっているのでしょうか？

一般的な結婚式では、式前日までにホテルなどの会場側へ費用の全てを支払うのが普通です。100人も呼べば、ホテルなどの場合、安くても300～400万円以上。高級車が変えるほどのお金です。結果、結婚式＝お金がかかるという常識が頭をもたげ、結婚式そのものを挙げない人が増えてしまったのです。

会費婚が覆したのが、この常識。次のような仕組みになっているのです。

・結婚式の費用は後払い
・自己負担の5万円以外の費用はすべて出席者から「会費」として回収
・参加費の金額に応じた価格メニュー

一般的な結婚式では、事前に費用を払った後、出席者からの「お祝い」でその分を埋めます。（赤字もあるでしょう）お祝いでもらうものを定額にした「参加費」に置き換え、結婚式の費用にあてがったわけです。

なぜ、これがうまくいくのか

うまくいく理由は2つ。

1つは、結婚という絶対的な需要があること。結婚する人は減っても、結婚という文化、儀式そのものがなくなることはさすがにないでしょう。

そしてもう1つが、時代背景。学費のために借りた奨学金の返済ができず、自己破産をする人が増えているというニュースが踊りました。デフレ経済が一層加速し、ますます世帯収入は減る一方。大学に行きたいけど、お金がない。結婚式も同様です。人生に一度の結婚式くらいなんとかしたい。その人間心理を汲みとって、費用は先に支払うものという常識を覆し、参加費は定額、費用は後払いと心理的な負担を減らした点です。

なお、「後払い」の仕組みには注意が必要です。利用者側からすれば大きなメリットですが、運営側にとっては大きなリスクです。万が一の想定をし、余力の資金を確保しておくことが欠かせません。

この公式を使って考えられるビジネスモデルの例

結婚式以外にもこの方法が転用できます。

例えば、「お葬式」。すでにアマゾンが定額でお坊さんを呼べる「お坊さん便」を取り扱っています。これをもう一歩アレンジして、会費制版を出すことは可能です。祝儀が香典に変わるわけです。（お香典という性質上、そのままでは難しく、もう一歩工夫が必要でしょう）

商業出版もいけそうです。例えば、あらかじめ購入者を確保しておき、そこから逆算して価格と販売数を決める。現在のようなどれだけ売れるかがわからないという常識を覆すわけです。クラウドファンディングに似ていますが、出版にかかるコストを大幅に下げることが可能です。できれば、時限制にして事前購入と発売後の価格を別にしておくのがベストでしょう。

さらにこの応用例として**「従量課金制」**を持ち込むことも考えられます。

例えば、

・テーマパークの従量課金制
↓入場料＋施設利用料を滞在時間で課金する（この事例の逆です）
・大学の授業↓受けた科目の分だけ授業料が発生
・教習場↓早く免許を取得するとその分安くなる

などです。商品やサービスを変えずに、価格のあり方を変えることでいくらでも新しいビジネスモデルを生み出すことが可能です。

もちろん、価格だけではありません。場所や時間、提供方法などその業界で一般的な方法とされていることをぜひ、疑ってみてください。そこに大きなビジネスチャンスが眠っているはずです。

公式
09
オーダーメイド化する

なかなか売上が伸びない。マーケティングを駆使しても良い結果がでないのであれば、ぜひ試してみていただきたいのがご紹介する「オーダーメイド」。

「オーダーメイド？　そんなことをしたらコストがかさむだけだろう？」と思うことなかれ。見事としか言いようのない事例があります。

お守りのカスタムメイド

「OMAMO」（https://omamo.me/）

池上實相寺が展開する、その名も「OMAMO（オマモ）」。

40種類の和柄の中から願いごとに合わせて、僧侶が選ぶオーダーメイド型のお守りを提供するサービスです。

仕組みはいたって単純です。

Webページへ進み、自分の願い（悩み）ごとを記入し、15種類の配色イメージの中から1つ選び、メールアドレスを記入するだけ。。あとは僧侶が願いごとの内容に合わせて柄を選び、届けられます。

価格は3千円（税込、国内送料無料）。

なぜこれがうまくいくのか

「お守りのオーダーメード」。単に物珍しいから、と片付けてはいけません。

このビジネスモデルには、

・スーツやメガネと同じ「統一プライス」

・一から作るのではなく、柄を選ぶ「パターンオーダー」

・本来できなかったことができるようになった

といったすでに成功しているビジネスモデルの要素、3つが含まれています。

特に注目するべきは、2つめと3つめです。

従来のお守りと言えば、神社の社務所の窓口で販売されているものでした。

種類は、主に「健康」「金運」「縁結び・出産」「学業」「安全」「厄除け」の6つ。

神社の特性に合わせて、販売されているものも限られていました。

言い換えれば、「決まったもの」の中から選ぶしかなかったわけです。

神社と言えば、畏《おそ》れ多い場所。「与えてもらう」という謙《へりくだ》ったイメージです。

こちらから何かリクエストできるような雰囲気はありません。

このイメージを逆転させ、「与えてもらうもの」から「選ぶもの」に価値を変換させたのが最大の成功要因です。

この公式を使って考えられるビジネスモデルの例

お守り以外にも、一方通行で選ぶ余地のない商品やサービスを探してみましょう。
例えば、同じ神社で言えば「おみくじ」もそうですよね。
おみくじを振る→番号を選ぶ→札を取る
どの神社でもこのパターンです。
これがカスタムメイドできたら、100円よりも高い値段設定ができそうです。
神社以外のケースだと、
・オーダーメイド・ダイエット
↓ダイエットメニューを公文式のように個別で作る
・オーダーメイド・リモコン

↓利用者宅の家電に応じたリモコンまたはスマホアプリです。技術的には可能でしょう
・オーダーメイド・テンプレート
↓パワーポイントやエクセルなど既定版ではないもの
・オーダーメイド・クッキング・レシピ
↓食材提供ではなく、３６５日分（もしくはある程度のパターン）のレシピを家庭の事情に合わせて提供
・オーダーメイド・ブックガイド
↓かなり近いものが存在しますが、読み手が解決したい問題や仕事、家庭その他で悩んでいることについて、解決に導いてくれる本の紹介
・オーダーメイド・旅行情報
↓パックツアーを販売するのではなく、あくまで「オススメの旅行プラン」の情報を提供

などが考えられそうです。
既存の枠に収まったものを、あえて「制限」を取り払ってみる。
そこに新しいビジネスチャンスが生まれるはずです。

公式10 とことん手間を省く

「お客さんの立場に立つことが大切」とよく言われますが、実はこれほど難しいことはありません。人間、どうやっても他人の気持ちを知ることができないからです。

しかし、間違いなくお客さんにとってメリットになる方法があります。

その1つが、「とことん手間を省く」です。

お客さんがサービスの利用や商品の購入にかかる手間をできるだけ省く。

この切り口で見事な成果を出している事例をご紹介しましょう。

お昼どきの手間を省く

「TAVENAL OKIBEN」(https://tavenal.com/okiben/)

株式会社AIVICK(アイヴィック)が提供する企業向けの弁当宅配です。

「弁当配達なんて、よくあるじゃないか? 競争が激しいんじゃ……」

ご指摘の通り、宅配弁当はすでにカテゴリーとして確立しており、競争が厳しくなり始めています。ただ単に弁当を配達するだけでは、生き残れないでしょう。

弁当と言えば、賞味期限が当日になっているのが一般的です。

このサービスが提供するのは、独自の封入技術によって確立した＋4日もある消費期限。弁当が届いたその日に食べる必要がないのです。

それだけではありません。価格も600円（税込）と外で食べるよりも安い上、簡易な社員食堂に早変わりする専用冷蔵庫と加湿器のレンタルもあり、社員全員で温かく、栄養満点のお弁当を食べることができるのです。

武田薬品やツムラ、三井不動産といった名だたる企業が導入し、見事な成果を収めています。

なぜこれがうまくいくのか

宅配弁当が生んだ新しい「手間」をさらに省いたことが成功の要因です。

毎日のお昼をどうするか。意外と面倒な話です。昼休憩は普通1時間と限られています。歩いて10分も20分もかけていくわけにはいきませんよね。休憩する時間も欲しいでしょう。できるだけ、お昼を簡単に済ませたい。

こうした「手間」を省いたことで大きな市場となった宅配弁当ですが、そこへ新たな「手間」が生まれていました。

好きなメニューではない。昨日同じものを食べたばかり。できれば明日にしたい。しかし、宅配弁当はその日が消費期限。食べなければ捨てなければならない……といったことです。

新しいビジネスモデルもある程度広がり市場が出来上がると、それは既存ビジネスの仲間入りをします。そうしてまた何か新しい「手間」が発生するのです。

ここにチャンスがあります。新市場に乗り遅れたとしても、心配することなかれ。その市場がある程度定着してきた頃、後発ならではの戦略を取ることができるのです。

この公式を使って考えられるビジネスモデルの例

手間を省くという視点で考えられそうなものはまだまだあります。

・金融商品の購入手続き（スマホで購入できる証券会社が存在します）
・情報検索（予約不要の美容室検索サイトが登場しています）
・大学の履修手続きや入試の申し込み
・旅行の申し込み

・不動産の購入や賃貸物件の契約手続き
・骨董品や絵画など趣味のものを探す手間
こうした手間を減らすことで新たなビジネスモデルが生まれます。
もちろん、これだけではないでしょう。
利用者の手間を省くことで、利用が増えるのは確実です。
ぜひ、日常の中で煩雑な手続きを要するものを探してみてください。
そこに大きなビジネスチャンスが眠っているはずです。

公式
11
あえてリスクを狙う

少子高齢化が叫ばれてから随分と時間が経ちました。

若者向け商品は減り、中高年層やシニア向けのものが増えています。

２０１５年時点で３・７人に１人が65歳ですが、これが10年後の２０２５年には３・３人に１人、２０年後には３人に１人が65歳になると予想されています。（国立社会保障・人口問題研究所 将来推計人口より）

こうした背景をもとに、ビジネスの中心はますますシニアに向いていくでしょう。

シニア向け不動産情報

「R65不動産」65歳からのお部屋探しサイト（http://r65.info/）

株式会社R65が提供する、その名もR65不動産。サブタイトル通り、定年退職をしたシニアをターゲットにした不動産紹介サービスです。

一見すると、そんな年配の方に部屋を貸しても大丈夫なのかと思います。

特に一人暮らしの場合だと、もし万が一のことがあったらと考えてしまうのも無理はありません。

しかし、だれもがリスクと感じるところにこそ、ビジネスチャンスがあるのです。

なぜ成果を出せるのか

ポイントは「リスク・マネジメント」です。

65歳以上の年配の方だと、どうしても病気や怪我、認知症など様々なリスクが考えられます。部屋を貸したのはいいけれども、いつの間にか亡くなっていたらなどが頭をよぎります。

この事例では、保険会社や地域医療との連携によってリスク・マネジメントをすることで、貸し手の不安を減らすことを実現し、成果を上げています。

発生するかもしれないリスクさえきちんとカバーすれば、大きな利益を獲得できるチャンスがあるのです。

リスクの小さい市場はこぞって競合が参入します。当たり前ですよね。

誰もいかない、狙わないからこそチャンスなのです。

この公式を使って考えられる他のビジネスモデル例

この公式が当てはまる見事な事例の1つに、静岡県を中心に展開する「スルガ銀行」(http://www.surugabank.co.jp/) があります。

そのリスクからほとんどの銀行が避けていた一人暮らしの女性や非正規社員、外国人など向けに「住宅ローン」を販売し、大きな利益を上げています。回収リスクを考えると貸付しづらいと考えるのが普通です。しかし、実際はほとんど貸倒れがないそうです。

必ずしも、収入が低い=ちゃんと払わないとは限らない。十分な収入があっても払わない人たちもいます。漠然としたイメージや先入観で思考を止めず、他社が足踏みしている先をよく見てみる。

そこにこそぱく大なビジネスチャンスがあるという好例です。

公式

12 無料提供で顧客との接点を作る

無料でサービスを提供し、本来売りたいものへとつなげる。ネットの中ではもはや当たり前の手順ですよね。こうした方法が当たり前となった今、無料で配られるものであっても、ある程度のクオリティが求められるようになっています。（低価格でも同じです）

無料だから、安いからという理由だけでは受け取ってくれないのです。ではどうすればいいのか。この問題を見事にクリアしながら、成果を出している事例をご紹介しましょう。

野菜をタダで配る

「タダヤサイドットコム」（http://www.tadayasai.com/）

農家が野菜を消費者にタダでプレゼントするサイトです。

そんなことをして大丈夫なのか？と思われたかもしれません。

狙いは、農家と消費者を直接結び付けること。農家と消費者が直接やりとりできることで、それぞれに大きなメリットが生まれます。

農家にとっては、JAなど中間プロセスを踏まずに済むほか、従来なら販売できなかったような単に形が悪いだけのものなどを販売することができ、販路・売上を拡大できます。消費者側にとっても、近所のスーパーでは手に入らない新鮮な野菜が直接、しかも中間コストが省かれる分、格安で購入することができます。

販売にかかる手間もそれぞれにメリットがあります。販売用ページの作成費用もサイト会員17万人に対するメルマガ告知にかかる費用も無料。かかる手数料も売れた分に対してだけ。農家さんにとって負担の少ない仕組みになっています。一方の消費者側は、スーパーやコンビニに行く手間が省ける上、常に新鮮な野菜の情報が受け取れるのです。

なぜうまくいくのか

理由は3つあります。

1つは、無料で配られるものが規格外とはいえ、農家直送の新鮮な野菜であること。十分すぎる価値がありますよね。

2つめは、参加者すべてにメリットがあること。農家、消費者、運営企業すべてにとって利益が生まれます。

3つめ。扱う商品が回転率の高い「食料品」であること。家具や家電などいわゆる「耐久品」だとこの仕組みは難しいかもしれません。なぜなら、顧客との「接触」が少ないからです。家具であれば、一度購入すれば数年間は買わないでしょう。顧客とメーカーとの間に関係性が生まれづらいのです。

この公式を使って考えられるビジネスモデルの例

・出版社による返品された書籍の販売

↓再販価格維持制度があるので、今すぐは難しいですが、アマゾンが割引して売っていることへの対抗策になるかもしれません。最初の1冊を無料でプレゼントし、以降は格安で販売する方法です。

・アパレルメーカーによるB級品の直接販売

↓アウトレットとして時期を過ぎた正規品を販売していますが、それとは別に「きもの」と同様にB級品をプレゼント、以降は直販。百貨店やショッピングモールを通さず、格安で提供する。

このほか、ゲーム、美容室、マッサージ屋、DIYなどでも考えられそうです。

公式

13

ニッチな情報を狙う

今、ネット上で1分間のうちに送られるEメールの数をご存じでしょうか？なんと2億通以上だそうです。２０１３年時点での数値ですので、3年たった今、もっと増えているでしょう。ともかく私たちは毎日膨大な量を受け取っていますが、当然すべてを処理できるわけではありません。情報が多すぎて選べない。そんな時代です。

こんな状況にあるからこそ、本当に必要な情報を知りたい、という欲求が確実にあります。正直、検索で探すよりも、そこへ行けば必要な情報が揃っている。そういうＷｅｂサイトが求められています。こうした欲求に答える見事な事例をご紹介しましょう。

買取価格の比較情報サイト

「ヒカカク！」(http://hikakaku.com/)

意外となかった情報ですよね。

パソコンやスマホなどを売りたい場合、いろんな買取サイトを見て回った経験はありませんか？　ここだと、あのサイトよりも2千円高いな。でも、他にもっとあるんじゃ……と、グルグル探すことになった経験がある人もいるかもしれません。

このサイトはまさにそういう人の手間を省くため、様々な買取サイトの情報を横断的に一発で調べることができるサイトです。

なぜ、うまくいくのか

Webサイトを主軸にしたビジネスモデルの最大の弱点は、「マネされやすい」こと。例えば、類似したサービスで「旅行やホテル価格の情報提供サイト」があります。こうした旅行サイトは次から次と競合が現れます。

しかし、ここで紹介した事例にはそんなことはまず起きないでしょう。

なぜでしょうか？　それは、提供する情報が「非常にニッチ」だから、です。大手が大きなコストを掛けて、参入するほどの旨味がないからです。ニッチな情報であるために、先行したところが何より強いのです。

仮に後発で同じようなサービスを提供してもまず目立たないでしょう。

この公式を使って考えられるビジネスモデルの例

後発参入されないニッチな情報を扱う。事例以外でも、

・趣味の情報

↓ゴルフやテニスなどメジャー系スポーツではなく、競技人口の少ないマイナースポーツだけを集めた情報サイト。例えばスポーツチャンバラなど。

・仕事の情報

↓お医者さん向けの情報共有サイトのように、専門性の高い仕事の情報共有にはまだ参入の余地があります。例えば、カウンセラー、臨床心理士向け情報共有サイトなどです。

・海外の情報

↓日本からの出張者向けに現地情報をまとめたものです。旅行サイトはもはや溢れるほどにありますが、仕事用の情報に限っていえばまだ参入可能でしょう。宿泊ホテルなど一般的なものではなく、作業ができる場所や、キンコーズのような印刷できる場所などを地域別に記載されているとかなり有益ではないでしょうか？

なお、情報サイトはそれだけでは収益化しません。広告を受け付ける、アンケートを取るなどのマネタイズも合わせて検討してみることもお忘れなく。

公式

14 高級品を安くレンタルする

エアビーアンドビーが日本で普及して、「シェアリングエコノミー」という言葉がすっかり一般的になりました。今までなら、購入を諦めていた商品やサービスも気軽に利用できる時代になったのです。

シェアリングエコノミーの対象となるものは、住宅や車だけではありません。思わぬものがシェアされているケースがあります。

実例を交えながら、他の商品やサービスへの展開も考えていきましょう。

アート作品のレンタル

「ART STAND」(https://artstand.jp/)

このサービスは、アーティストから作品を預り、保管しながら、レンタルまたは購入という形で提供していくものです。

例えば、絵画の月額レンタルの場合、好みに合わせて、専門スタッフが提案してくれるプランで月額1980円。気に入ったものは購入も可能です。

普通に買えば、まずいくらするのかもわかりませんし、絵に馴染みがなければそもそも買おうとは思わないでしょう。しかし、決まった月額費用であれば、気軽に利用することができます。

作品を作るアーティストにとっても大きなメリットがあります。本来なら、画廊や個人の作品展でしか見せることができませんが、このサービスを利用することで、Webサイトを通してたくさんの人に知ってもらうことができます。

その上、レンタルであっても毎月一定の収入が見込めます。

利用者、作品提供者のいずれにとってもメリットの大きいサービスなのです。

なぜこのビジネスがうまくいくのか

どのようなビジネスでも言えることですが、そのビジネスに関係する人や企業が各々相応のメリットがなければ成立しません。

また、一方が情報を持っていて、もう一方がそうではないようなケースもダメです。わからないことがあれば、グーグルで簡単に調べることができてしまいます。

情報もメリットも公平であること。これこそがビジネスをうまく、継続的に進めていく秘訣とも言えます。事例のサービスでは、利用者にとっては気軽にレンタルできること、作品提供者にとっては、新しい収益ルートができることとそれぞれにメリットがあります。

また、サイトを通してどんな作品なのかがきちんと紹介されています。

この公式を使って考えられるビジネスモデルの例

シェアリングエコノミーはまだまだ考えられそうです。例えば、
・日曜大工で使うＤＩＹ用品の貸し借り↓米国ではすでにサービスインしているそうです。
・高級家具のシェアリング
・書籍のシェアリング↓個人の蔵書でもう読まない本。図書館の蔵書より多いでしょう。
・子どものおもちゃ
↓子どもが大きくなって使わなくなったおもちゃのシェアリング、もしくは、新商品のレンタル。※すでにあるかもしれません。
・ファッション用品のレンタル
↓靴、カバン、ネクタイ、服がすでにあります。コーディネートも含めて、まとめて貸し出すサービスなどどうでしょう？

公式

15

ロボットや人工知能を使う

いまや人工知能が、「大喜利」をする時代。

囲碁の世界チャンピオンが破れ、将棋がそうなるのも時間の問題と言われるほど。いつかターミネーターが出来るんじゃないかと正直、脅威に感じるものがあります。しかし、こうした最新技術は恐れるより、利用した方が賢明です。

そんな中で、人工知能と並び、利用シーンが広がり続けている「ロボット」をつかった面白いビジネスが出てきました。事例を交えながら、他のビジネスへの転用をご紹介していきましょう。

ロボットが受付するホテル

その名も「変なホテル」。テレビや新聞でも紹介されているので、ご存知の方もいるかもしれません。

「変なホテル」（http://www.h-n-h.jp/）

ホテルのフロントでは、多言語対応のロボットがチェックイン・チェックアウトの対応を行ない、クロークではロボットアームが荷物を預り、部屋まで届けるというサービスです。

なぜこれがうまくいくのか

ロボットを利用することで得られるメリットは、物珍しさによる広告機能だけではありません。やはりなんといっても人件費。そして、人手不足の解消です。

政府が積極的に進める「同一労働同一賃金」を背景に今後ますます人件費負担は上がるでしょう。年金保険料など社会保険料も２０２５年には国民負担率が税金と合わせ56％になると言われています。こうしたことを背景に人を雇うコストは右肩あがりになる一方です。

ロボットを使うことは、システム、いわゆる「ＩＴ化」と同じです。導入にあたって、ロボットが安定して仕事を回せるように業務の見直しが進み、結果、効率的になり、さらなるコスト削減が見込めるのです。

この公式を使って考えられるビジネスモデルの例

ロボットや人工知能が使える分野は、旧来製造業の世界が中心でした。

しかし、今後はサービス業へどんどん広がるでしょう。

ソフトバンクが提供するPepperのように、会社の受付や介護施設でのレクリエーション機能のほか、次のようなことも考えられそうです。

・飲食店でのフロアスタッフロボ
・ゴルフ場でのキャディロボ
・ホテルのベッドメイキングロボ
・ゲームセンターでの対戦相手ロボ
・家庭教師ロボ
・カウンセリングロボ

ちなみに気になるお値段ですが、Pepperで法人向けの場合、月額5万5千円ほどです。10台持っても55万円。（ようやく給料20万円ほどの人1人分の人件費になります）。カスタマイズにも費用がかかるそうですが、それでも安いでしょう。

ぜひ、どんな使い方が考えられるか、いろいろとアイデアを出してみてください。

コスト削減によって、大きな利益を生み出すかもしれません。

公式

16 利用者≠購入者

ビジネスモデルで最も大切なことは、「売上の回収」です。どこからどうやって回収するか。支払ってもらうのは、サービスの利用者である必要はありません。極端な話、だれに払ってもらってもOKなのです。

例えば、インターネット上のビジネスでよく用いられる広告モデル。そのサイトの利用はほとんど場合、無料です。その代わりに、バナーなどの広告枠を販売し、スポンサーに費用を支払ってもらう。利用者にその都度支払ってもらうよりも、安定して回収できるメリットがあります。この方法を応用し、短期間で見事な成果を出している事例をご紹介しましょう。

子どもや孫の写真を購入するのは祖父母

「スナップスナップ」(http://snapsnap.jp/)
子どもや孫が輝いている写真は、親御さんやおじいちゃん、おばあちゃんにとってはたまらないものです。この感覚は時代を経ても変わりません。

昔、遠足や運動会などの行事でプロのカメラマンが撮った写真は、学校の掲示板に貼りだされていましたが、デジタル化が進む今でも同じ方法を取る学校が多いのだとか。そんな中生まれたのがこのサービスです。ネットで会員登録をすると、行事やイベントから写真を選び、買い物カゴに入れるだけ。もちろん、スマホやタブレットでも利用可能です。

デジタル化されたことで増えたメリットは、

・何度でも依頼できる
・過去のものを依頼可能
・プリント範囲を調整することができる

など、アナログではできなかったかゆいところに手が届いています。

成果が出る理由

この公式を成立させるためには「安定した需要」が欠かせません。

代わりに支払っても十分なほどのメリットがあるかどうか。

ご紹介した事例では、孫の活躍ぶりを見たいというおじいちゃん、おばあちゃんの欲求は間違いなく継続性があります。きっと似たような写真でも購入するでしょう。

冒頭でご紹介した広告モデルも同様です。広告を出稿するサイトのアクセスが仮に何百万PVもあれば、多少費用が高くても、広告を出すメリットは十分です。利用者に代わって支払うメリットが十分あるかどうか。ここが最大のポイントとなります。

この公式で考えられるビジネスモデルの例

写真販売以外にも、利用者ではなく代わりに誰か（もしくは企業）に払ってもらう方法は考えられます。例えば、

・広告型タクシー
↓従来のようなパンフレットやチラシではなく、タブレット端末やモニターを設置し、広告を流す。広告収入を得る代わりに遠距離料金を安くする。（国の許可が必要かも）
・美容室のモニター料金↓シャンプーなどの化粧品メーカーから回収する方法です。
・絵本の販売↓すでにいくつかあります。写真と同様、孫向けに祖父母が購入。
・企業が提供する奨学金
↓優秀な学生向けに企業が授業料を支払う。就活に関する制限はもちろんありますが、今問題になっている奨学金返済の課題解決の1つになるかもしれません。

公式
17

エンターテイメント性を付加する

スマートフォンの普及によって出た影響の1つとして、長い文章が読めない人が増えたそうです。そうした事情に対応するために、今ますます「漫画化されたビジネス書」が増えています。書店に立ち寄られたことがあれば、きっと目につくはずです。「まんがで学ぶ○○」といったタイトルの本。これらはまさに、ビジネス書に漫画というエンターテイメント性を付加して成果を上げています。

本だけではありません。リアルのビジネスで見事な切り口のエンターテイメント性を出している事例があります。

心霊体験ツアー

「心霊スポット巡礼ツアー」(http://www.sanwakoutsu.co.jp/special/2016summer/)

ゆっくり走る「タートルタクシー」のサービスを展開している神奈川県の三和交通が提供

するサービスです。文字通り、各地の心霊スポットをタクシーに乗って回るものです。

2016年は、「横浜」と「多魔（↑当て字がうまいですね）」の2コース。それぞれ駅前をスタートし、10箇所ほどの心霊スポットを回ります。

どれもいわくつきで、Webサイトでは写真にモザイクがかかる手の込みよう。

2コースともすぐに満員御礼となったそうです。

なぜ、成功するのか

やったもん勝ち、つまり独壇場だからです。

もちろん、同じことをマネするのは容易でしょう。しかし、二番煎じはかなり不利なのです。なぜなら、メディアなどでほとんど取り上げられることがなく、カフェやコンビニなどのように、日常生活を通して目に入ってくることがないために、便乗してもそれほどメリットがないためです。この公式を転用するのであれば、なるはやがオススメです。

この公式を使って考えられるビジネスモデルの例

今あるビジネスにエンターテイメント性を付加する。

他にどんなものが考えられるでしょうか。

どちらかと言えば、堅いイメージがあるものが対象になるでしょう。例えば、

・病院　・塾　・教習場　・専門学校や大学　・理容室　・区役所　・オフィスビル

などにエンターテイメント性を加えることで、今までにはなかった新しいビジネスモデルを生み出すことができそうです。

もちろん、関係する法律や規制によって実行が難しい場合もあります。アイデアを実行する前に、十分な下調べは欠かせません。

公式

18

サービスをインフラにする

ビジネスで最も強いポジションの1つが、インフラです。

メジャーなものでは「電気」「ガス」「水道」「スマホ」「パソコン」、ヤフーやグーグルなどポータル系のWebサイト、そしてSNSです。

これ以外にも「(銀行など)金融サービス」「コンビニ」、プレイステーションやxboxなどのゲーム機も当てはまります。

インフラを握ることができると強いことは、グーグルの現在を見れば一目瞭然です。しかし、残念ながら、似たようなことを取り組むには巨額な投資がかかります。例えば、2016年電気の自由化がされましたが、そうやすやすと参入はできるものではありません。

では、資金力がなければ、インフラ系ビジネスは難しいのでしょうか？

いえ、そんなことはありません。

その先入観を見事に打ち破ろうとしている好例があります。

200円カレーで世界展開

「原価率研究所」(http://www.genkaritsu.jp/)

なんと、200円でカレーを販売するショップを展開する企業です。

これだけを聞くと、「飲食ビジネス」と思われるかもしれません。

しかし、この企業が目指すのは「食のインフラスポット」。

提供されるカレーは、なんと50人分を10分で作ることができる代物で、各店舗に備蓄在庫を持つことで災害時の食生活の拠点になることを目指しているそうです。

それだけではありません。200円という安さは「お腹をすかせたまま」眠りにつく世界にいる7億9500万人の人たちに届けるため。創業間もない現在からすでに世界展開を視野に入れています。

「食」を単なる飲食ビジネスと位置づけるのではなく、「生きていくために欠かせないインフラの1つ」として位置づけているのです。

目標とするのは、国内だけでも1千店舗。理念である食のインフラを機能させるために必要な規模だそうです。

なぜ、このビジネスが成功するのか

２００円というトンデモない安さはもちろんのこと、成功する理由はそのコンセプトにあるでしょう。

ふつうの飲食店のコンセプトや理念は「おいしい◯◯を届ける」といった感じでしょうか。かたや、この事例では「食のインフラスポット」。食を電気や水道と同じ生活に欠かせないポジションとして捉えているわけです。

コンセプトが違うと、消費者は別物と見るようになります。つまり、価格だけでは比べないようになるのです。当初は価格で選ばれるかもしれませんが、一定規模を超えると社会に欠かせない存在になる可能性が生まれ、冒頭にご紹介したようなインフラ特有の強さを発揮することができるのです。

この公式を使って考えられるビジネスモデルの例

インフラになり得るものは、生活に欠かせないものです。冒頭でご紹介した、「電気・ガス・水道」の他に、「衣・食・住」そして「仕事」があります。今なら、「スマホ」や「PC」も入るでしょう。

この中で、まだインフラ化されていないものを探してみましょう。

例えば、

・人工知能を使った格安情報

↓価格情報のサイトやアプリは沢山ありますが、その日の情報しかありません。また、対象も家電や生活用品など商品類が中心です。ここに生活に必要な価格情報のすべてを盛り込むのはどうでしょう？　交通費や飲食代、書籍代などです。学習機能を持つ人工知能を使えば利用者オリジナルの生活情報になります。

・地域情報

↓ある程度の情報を持つ周辺アプリやサービスはありますが、飲食店やアミューズメント施設などごく限られた情報しかまだありません。例えば、クリーニング屋、ドラッグストア、病院、スポーツジム、習い事など生活に関わる情報を盛り込んだサービスはどうでしょう？

・書籍情報

↓自分が読んだ本のタイトルをストックする情報サイトです。（すでにあります）

などが考えられそうです。

公式19 新技術で生活を支える

ロボットや人工知能、ドローン、ＩｏＴ（Internet of Things）など新しい技術が続々と出ています。介護職員の代わりに、施設でコミュニケーションを取るロボットなども登場し、今までとは違った使い方が生まれています。

単に違う使い方を考えるだけではいけません。技術をいかにビジネスにつなげるかがカギです。どうすれば生活がより便利になるかを考える必要があります。この観点でＩｏＴを利用し「落し物を未然に防ぐ」という画期的なビジネスがあります。早速ご紹介しましょう。

落し物を未然に防ぐ仕組み

「MAMORIO」（http://mamorio.jp/）

失くしたくない大切なものに専用ＩｏＴデバイスを付けておくと、スマートフォンと連携し、手元から離れた瞬間にスマホ画面に地図と一緒にアラートが出る画期的なサービスです。

それだけではありません。万が一失くした場合でも、独自の「クラウドトラッキング機能」をONにすると、同じデバイスを持っている人同士がすれ違うだけで紛失物の位置情報を共有することができる機能も持っています。このデバイスを持つ人が増えれば増えるほど、位置情報が集まりやすくなり、紛失物が出てきやすくなるという仕組み。これは経済用語でいう、「ネットワーク効果」と呼ばれるもので、参加者が増えれば増えるほど、その機能がより使いやすくメリットが大きくなることをいいます。Twitter や Facebook、Instagram といったSNSのサービスと同じ性質を持っているのです。

なぜ、これがうまくいくのか

利用者が増えれば増えるほど使い勝手がよくなることはもちろん、利用者にとって利用しやすいメリットがもう1つあります。それは**「後付け」**であること。

こうしたデバイス系の商品では、組み込みと後付けの2つがあります。個人向け商品、つまり一般消費者向けであれば、今使っているものを前提にする必要があります。組み込みだった場合、「その商品自体の買い替え」を迫ることになります。

事例の場合、スマホです。スマホを買い替えてもらうというのはまずありえません。また、もしくはそういった機能を持つスマホを作るのも現実的ではないでしょう。簡単に後付けできることは、最新技術を活かしたビジネスを考える上で欠かせない視点の１つです。

この公式を使って考えられるビジネスモデルの例

事例に似たものでは、スマホを家の鍵に見立てた「スマートロック」。これも「後付」タイプです。鍵を失くしてしまうと、合鍵がなければどうしようもありません。また、だれかに拾われてしまう恐れもあります。スマホであれば、遠隔でロックすることもできますし、そもそもパスワード設定などを施しておけば、仮に拾われても悪用される可能性は低い。

また、引っ越ししたときも大変便利です。

これ以外にも、ＩＢＭの人工知能「Watson（ワトソン）」（https://www.ibm.com/smarterplanet/jp/ja/ibmwatson/）を使った例が出はじめています。今までなら人が判断していた部分を人工知能に置き換えています。例えば、

・婚活のマッチングサービス→膨大な会員の中から人工知能で最適な相手を選び出す。
・カウンセリングサービス→人にはなかなか話しにくいことも人工知能なら話せるかも。
・本や映画、ＤＶＤなどのレコメンデーション　・旅行プランの組み立て
・学習プランの組み立て

といったサービスも考えられそうです。

公式
20
室内化する

ビジネスモデルの発想方法の1つに、「場所を変える」があります。

戦う場所、つまり「市場」を変える意味もありますが、もう1つ商品やサービスの利用価値を変える意味もあります。

ご紹介するのは、まさに日々の暮らしをする自分の部屋を「畑」に変えてしまうというビジネスモデル。どういうことだ?と思われるでしょう。

事例と合わせて、この方式を応用した例もご紹介していきましょう。

「おうち農園」という新しいカテゴリー

「foop」(https://foop.cestec.jp/)
なんと部屋に置く小さな野菜農園です。その正体は、幅30センチほどの木製のシリンダーケース。作るのはとても簡単で、栽培カップと呼ばれる1センチほどの円形の台の上に、スポンジと種をセットし、水と液体肥料を入れるだけ。

育てられる野菜は9種類。レタス、パセリ、ルッコラ、しそ、ベビーリーフ、アップルミント、バジル、サンチュ、小松菜の9種類など。すべて食べられるものばかり。

肝心な手入れは、センシング機能を使ったスマホ専用アプリで行なうため、仕事や旅行中であっても栽培日数や、水量、収穫時期が一目でわかる仕組みです。

なぜ、これがうまくいくのか

少なくとも4つの理由があります。

まず、植物のある生活は心が和むこと。これは心理学的にも明らかにされています。

2つめ。育てるという楽しみがあること。一昔前にあった「たまごっち」。大流行しましたよね。ゲームでも主人公を育てるRPGはいつも人気です。同じように、植物を育てるのは楽しい。人間に備わっている根源的な欲求の1つでしょう。

そして3つめ。最大のキーである「手軽さ」。実際の農園で育てれば大変な手間がかかりますが、スマホを使って誰でも簡単にできる。この手軽さこそが成果を出している秘訣でしょう。

4つめは市場規模です。花の市場規模は、年々縮小していると言われますが、それでも1兆円以上。十分過ぎるほどの大きさがあります。

この公式を使って考えられるビジネスモデルの例

やってみたいけど、手間暇がかかる。もしくは現実的にできそうにはない。そういう商品やサービスを「手軽」なものに変えることで、大きなビジネスチャンスが生まれます。

例えば、一昔前に流行った「電車でGO」。電車の運転をやってみたいけど、現実的には無理ですよね。そのニーズに応えて、見事にヒットを収めました。

これ以外にも、

・自分で簡単に楽曲が作れるクラウドサービス→すでにあります。
・おうち砂浜セット　・ミニ公園セット　・リゾートセット　・森林浴セット
・お米を育てるセット

などが考えられそうです。

公式

21 時短を実現する

誰もが忙しい時代です。ゆっくりと何かに時間を割くことも難しい。

例えば、読書です。本を読むためにはとにかく時間がかかります。速読術なるものもありますが、それを身につけるために時間やお金もかかるため、微妙な選択でしょう。

それよりも、もっと端的に読書をすることはできないか。そうしたニーズに答え、生み出されたビジネスモデルがあります。

良書を選んでダイジェスト化

書籍ダイジェストサービス「SERENDIP（セレンディップ）」(http://www.serendip.site/serendip/)

国内書籍から海外未翻訳書籍まで、厳選した良書を3千文字のダイジェストにしたものをメールで配信してくれるサービスです。

本の選定には、元出版社編集長や大学教授、経営者などで構成され、ベストセラーではないなかなか目に触れることがないものも含め、発掘作業が行われます。

メール配信は、週4回。費用は個人のケースで年間3万円（税別）。

一見、高いようにも思えますが、ちょっとしたハードカバーのビジネス書20冊分の値段で、週4回×48回、計192冊分に相当する本を読むことができます。本をたくさん読む人にとってはかなりお得です。すでに会員数6万人も抱えており、一定の成果を出しています。

なぜ、成功するのか

冒頭でもお話ししたとおり、現代はとにかく忙しい時代。

時短料理なんていうのが一時期流行ったように、できるかぎり短時間で手間を省き、結果を得たい人がたくさんいます。こうした背景に対して、必要な部分だけを手軽に届けるサービスは間違いなく受け入れられます。

注意したいこと

クオリティをどう保証するか。このビジネスモデルではここが成否を分けます。

網羅的な情報サイト（なんでも載っているが、精度は保証されていない）がたくさん存在する中で、お金をもらうためには高い品質をどう出すかがカギです。

この公式を使って考えられるビジネスモデルの例

同じ情報系であれば、「旅行情報」が考えられます。販売を前提としたプランやパッケージとして提案するのではなく、あくまで旅行を組み立てるための「材料」として、旅行先の現地情報（交通、気候、文化、食事処など）を紹介するのです。旅行を考えている人が、それらの情報を組み合せるだけで自分なりのプランができるように。

他にも同じ書籍で、「専門書」に絞ったサービスも考えられるでしょう。

例えば、「医療」や「法律」、「システム」など専門家向けに抜粋した情報を届ける。もちろん、各分野のエキスパートによる監修は欠かせません。

これ以外にも時短を実現するモデルとして、

・ブログネタ配布（記事を書く時間を短くする）
・合コンセッティング（すでにあるサービスです）
・30分限定出会いカフェ
・出張プランの提案

といったことも考えられそうです。

公式

22

社会貢献をする

コンビニやスーパーに行くと所狭しと商品が並んでいますが、期限切れで捨てられる食品は年間500〜800万トンと言われています。（農林水産省発表による）

普通に考えると、期限間近の食品には何の価値もありません。おすしやお弁当などは、その日の午前中に作られたものでも、夕方には20、30％引きで売られているほどです。

食品ロス削減を目指して、社会貢献

「KURADASHI.jp」（https://www.kuradashi.jp/）

購入金額の一部が「環境保護支援」「動物保護支援」「地域活性支援」「災害対策支援」「医療支援」「社会福祉支援」などに寄付されるサービスです。取り扱われる商品は、社会貢献活動に賛同したメーカーから協賛価格にて提供されたもの。利用者は、商品を購入する際に、支援団体の選択もできます。

なぜ、成功するのか

ボルビックが行った「1Lfor10L（1リッターフォー10リッター）というキャンペーンがあります。水1リットル分を購入すると、その代金の一部で10リットル分の水を発展途上国などに寄付するというもの。人間には、「誰かを助けたい」という欲求があります。とはいえ、自分で動いて何かをするほどの余裕もない。助けたいという気持ちを組みながら、簡単にできる方法を示したのがこの方法です。

注意したいのは、「安く売って儲けること」をメインにしないこと。

あくまで、「社会貢献」が最優先です。ビジネスには大義名分が何より大切なのです。自分が、自社が儲けたいからという気持ちが透けて見えた瞬間、お客さんは間違いなく逃げます。

この公式を使って考えられるビジネスモデルの例

・売れ残った衣料品　・古着　・型落ちしたパソコン、スマホ、タブレット
・中古車、中古バイク、中古自転車　・返品された書籍

なども対象になりそうです。

デフレ真っ盛り＆モノ余り時代の今、スマホ1つ取っても「最新機種」をあえて求めない人も増えてきました。型落ちや古いものでも十分商材になりえそうです。

公式

23

レンタルする

ファッション業界では大きな再編が進んでいます。最大の原因は「ECサイト」の拡大。一昔前まで、Webサイトで服を買うことはあまり馴染みがありませんでしたが、スマホが普及したことでより買いやすさが増し、百貨店やショッピングモールがかなり厳しい状況に立たされることに繋がったのです。

こんな話を聞くと、「そうか。ファッション業界はビジネスの対象にならないな。ECサイトを今から立ち上げても遅いだろう。競争も激しいだろうし」と考えがちです。

そんなことはありません。服は、人間の生活に欠かせない「衣食住」の1つ。ビジネスそのものとして消えてしまう恐れはないからです。(人間が裸で暮らすことにならない限り)

必要なことは「発想の転換」です。服を売るのではなく、「レンタル」する。さらにアレンジを加え、世界展開を狙うビジネスモデルがあります。

ネクタイ版Netflix

「FreshNeck」（https://freshneck.com/）

アルマーニ、ゼニア、プラダなど有名高級ブランドのネクタイやカフスリンク、チーフなどが月額20ドルから借り放題というサービスです。

「ネクタイ？　今どき？」と思うことなかれ。ネクタイレスで仕事をする人も確かに増えましたが、大切な商談や打ち合わせにはまだまだ着けていくはずです。また、ネクタイの種類が少なく、毎日同じものを付けていると女性の評価が下がります。モテる・モテないというレベルの話ではなく、往々にして、女性からの評価が低いと仕事に大きな支障が出ます。

常に見た目を意識し、小奇麗にしておく。これは成功への近道の1つなのです。とはいえ、意外とネクタイも安くない。新橋あたりに行けば、1本500円ほどで売っていますが、やはり値段通りの代物。絶対に落とせないプレゼンで付けていけるような品質ではありません。となると、そこそこのお店で買うことになるわけですが、ご存知のとおり結構します。高級ブランドになると2～3万は普通。とてもではありませんが、何本も購入できません。

いいネクタイをたくさん欲しいが、そこまでお金は掛けられない。おもいきって買いたいけど失敗もしたくない。そんなジレンマに答えたのがこのサービスです。月々決まった金額で、いくらでもネクタイを借りることができる。まさに、かのNetflixが始めた「定額サービス」のネクタイ版です。

この公式を使って考えられるビジネスモデルの例

買いたいけど、利用したいけど失敗したくない。そういう気持ちにさせる商品やサービスは他にもあります。

・分譲マンションの1カ月仮住まいサービス
↓すでにありますが、これ専門のサービスはまだありません。
・ゲームの定額利用
↓プレイステーションでありますが、残念ながらタイトルが少ない。家庭用ゲーム機専用だと難しいですが、スマホゲームなら考えられそうです。
・パソコン専門レンタル
↓これがないのが不思議です。パソコンは2〜3年でだいたいガタが来ます。新しいハードや規格が登場し、何かとお金がかかります。
・ノウハウを貸しちゃう↓もちろん、使用許諾契約付きです。
・高級ハロウィンの衣装レンタル　・結婚式の衣装レンタル　・高級コスプレ衣装
等々が考えられます。

公式

24

他人の力を借りる

今、どんなビジネスモデルがいいのか。もちろん、この本のタイトルどおり、とことんお金のかからないモデルです。

オススメしたい1つが、マッチングサービス。ネット環境がイマイチだった一昔前なら、あまりうまく行きませんでしたが、今は違います。代わりにやってくれる人とそれを探している人を引き合わせるサービスですが、これまではもっぱら、スキル系が中心でした。例えば、文章作成やデザイン、プログラミングなどなどです。

実は、マッチングはスキルのアリ・ナシだけではありません。別のニーズに絞ったマッチングサービスが存在します。それが市場規模1兆4千億円を超える「ペット」です。

愛犬のホストになってくれる人を探すサービス

「DogHuggy（ドッグハギー）」（https://doghuggy.com/）

huggyとは「抱っこする」の意味。大事な愛犬を抱っこしてくれるような愛犬家を探すサービスです。

犬を飼っている人にとって、愛犬は家族そのものです。旅行や出張で家を何日か空けなければならないとき、ペットホテルなどに預けるのが普通ですが、やはり気がかりなもの。また、金額も安くありません。犬種にもよりますが、2泊3日で1万円以上するケースもそうそう利用できません。そうした悩みに答えたのがこのサービスです。

家の近所で、愛犬家＝ホストを探し、預けることができるのです。なお、愛犬家（ホスト）への登録には厳しいチェックが設けられています。登録希望者のプロフィール、犬との経験や犬に対する愛について、審査に申し込み。審査が通ったあとは、運営側との面談を行ない、合格した人だけが晴れてホストになれる仕組みです。

サービス自体には大きな参入障壁はありません。Webサイト1つでビジネスを始めることができます。だからこそ、こうしたアナログベースでの品質管理がモノを言います。

この公式を使って考えられるビジネスモデルの例

人の力を借りるビジネスモデルはまだまだ考えられます。

・子どもの送り迎えサービス

↓体育大学と提携し、面接や身元確認を行なった上で、空手部や柔道部などの猛者が学校の送り迎えをするサービス。タクシーですでにありますね。
・引っ越しコミュニティ
↓ご近所限定で引っ越しを手伝う。もちろん、有償で。
・DIY工具の貸し借りサービス
↓アメリカに存在するサービスです。日本でいう昔の「醤油やお米」の貸し借りです。

公式

25

高額版を創る

すっかり一分野として定着したクラウドソーシング。

仕事を依頼する側は比較的安価で頼める一方、仕事を受ける側の利益が少ないことが最近問題になりました。価格が安いことに越したことはありませんが、安かろう悪かろうでは意味がありませんし、そもそもスキルを提供する人が増えず、サービス自体が成り立ちません。事実、大手クラウドソーシングサービスの台所事情は厳しいと言われています。

そんな中で新たにでてきたのが、「高額版」のクラウドソーシングサービス。ハイクオリティなサービスを提供する代わりに、金額も相応にします。

高額版クラウドソーシング

「CasterBiz（キャスタービズ）」（http://cast-er.com/）

サービスの基本は、一般的なクラウドソーシングと同じ。クラウド経由で様々な仕事の依頼を受け、それに応じたスキルを持つ人をマッチングする。対応範囲は、秘書、人事、経理、Webサイト運用などバックオフィス系がメイン。違うのは、その対価です。

実働30時間までで、3カ月契約で月額12万円、6カ月で月額9万6千円と、よくあるクラウド系と比べるとかなり高額に設定されている点です。

高い価格を設定するには、もちろんその理由が必要です。このサービスでは、スキル提供者に対して、「書類選考」「オンラインコミュニケーション」「複数の選考課題」「2度の面談」と4つの選考プロセスを設けることで、高いスキルレベルを保証し、その根拠を用意しているのです。

高い価格によって、登録者（スキル提供者）への報酬も高く設定され、結果、多くの応募者が集まっているそうです。

なぜ、成果が出るのか

どのようなビジネスモデルであっても、その参加者すべてにとってメリットがなければうまくいきません。

例えば、お客さんだけに利益が偏り過ぎると、運営側やサービスの提供者の負担が増えます。お客さんには喜んでもらえるでしょうが、ビジネスとしてはいつまでも続きません。

高い、安いではなく、きちんと利益が出て、参加者すべてにとってメリットがあること。ビジネスモデルを創る上で欠かせないポイントの1つです。

この公式を使って考えられるビジネスモデルの例

今あるビジネスの高額版を創る。この公式を使って、次のようなことも考えられそうです。

・高額版ペットシッター
↓ドッグトレーナーの資格を有する人や経験値の高い人だけが登録。その分高額。
・高額版相席屋
・高額版ガソリンスタンド
↓セルフスタンドが増える中、あえての逆張りです。ガソリンや洗車をするだけでなく、車のメンテナンスなども行なってくれる。
・高額版結婚相談所
↓心理学のスペシャリストが在籍。

公式 26

情報をまとめる

現在、政府主導で余暇の時間を増やす取り組みが進んでいます。結果、3連休も多くなりました。

しかし、ご存知のとおり日本人は遊びベタ。休みの日は家でゴロゴロする人が多いのも確かです。とはいえ、本当は遊びに行きたい人も多いはず。でも、どこかへ出かけるとなると、なかなか手間がかかります。

本当は今までにやったことがないこともやってみたい。そんな欲求も隠れています。そうしたニーズに見事に答え、日本人にうまく遊ぶための情報を提供しているサービスがあります。

全国のレジャー設備の予約ができるサービス

アウトドアレジャー予約サイト「そとあそび」(http://corp.sotoasobi.net/)

プロのガイド付きで、全国250サービス、1千以上のコースが予約できるサービスです。例えば、ハンググライダーやシーカヤック、カヌーなど、やってみたいけど自分で申し込むのは面倒だし、そもそもやったことがないから不安。初心者でもできるのかなぁというニーズを見事に捉えたビジネスです。

最大の特徴は、単にサービス情報を集めているだけではないこと。初めての人でも楽しめることを大前提に、キューレーターによって実際現地での下見を行ない、ツアーの詳細をきちんと確認している点です。

成果が出せる理由

情報サイトはもはや星空のごとく乱立していますが、大きなコストがかからず参入しやすい分、埋もれやすくビジネスが成り立たないリスクがあります。一時流行ったニュースメディアなどもそうでしょう。増えすぎた分、中身に大きな差がなく、どれも似たりよったりの状態になっています。

そうした中できちんと差別化を図り、事業を継続させていくために必要なことは、意外にも「アナログ」の手段です。人手によって手間暇をかけることです。

テクノロジーに頼ることで効率化は図れますが、やはり最後は提供する中身について人の目によるチェックが大切です。

この公式を使って考えられるビジネスモデルの例

インターネットでは情報を集めきれない。そういった類のことが対象になります。例えば、

・地方新聞のまとめ

↓ネットで集められないわけではありませんが、かなり手間とコストがかかります。

・出張や単身赴任先の情報

↓単なる飲食店や観光情報ではなく、「生活に必要となる」情報のまとめです。

・大学の横断情報

↓意外とないのがこれです。個別で学部や学科のことは出ていますが、例えば、「文学部」で横断して調べることができません。受験先候補を選ぶ上で、単に大学名だけではない判断基準の1つとして提供するのはどうでしょう。

公式27 自宅で行う

デフレが進む中、いままで外で済ませていたものを家で、というニーズがより強くなってきました。

わかりやすい例でいえば、外食→自炊。そこへ目がけて、見事な成果を出しているのが「冷凍食品」です。特に、チャーハンはすごい注目を浴びていますよね。

できれば自宅で済ませたいのは飲食だけではありません。

まだまだビジネスチャンスが眠っています。

自宅葬

「鎌倉自宅葬儀社」(https://kamakura-jitakusou.com/)

上場企業の株式会社カヤックが手がける日本初の「自宅葬」専門の葬儀社です。

自宅で葬儀をあげることそのものは、旧来からあったそうですが、家族構成の変化や、共働き世帯の増加などによって、専ら外部の専門業者を利用することが一般化していました。

そこへ、新たに提案されたのが自宅で葬儀をすること。

もちろん費用面のこともありますが、できれば家族やごく親しい人だけで葬儀を行ないたいというニーズがあります。これは結婚式も同じですね。大々的にやる必要はないと。

費用面もとてもわかりやすくなっているのも特徴の1つです。

プランは3種類のみ。宗教的な儀式を必要としないシンプルプラン、宗教的な儀式を含めたセレモニープラン、オールプランなど費用は55万円から135万円まで。

成功する可能性

3つあります。

1つは日本初であること。後発参入の場合、何社かの大手が占有している市場では、ロケットスタートが欠かせません。しばらく後にマネをされる恐れがあるからです。一方で、中小やベンチャーでひしめき合っている市場なら、この心配はそれほどありません。

2つめは、費用が明確であること。アマゾンが手がけ話題になったお坊さん便。旧来、葬儀関係でお金の話をするのはある種タブーに近いものがありましたが、すっかり形骸化しています。他業界のサービスと同様に、明快な価格提示は消費者に安心感を与えます。

3つめが、確実な需要があること。冠婚葬祭はターゲットとして間違いのない先の1つです。結婚式と違い、葬儀そのものをなくすことはできません。将来に渡って継続性のある市場です。

この公式を使って考えられるビジネスモデルの例

従来なら、外の設備や専門サービスを利用していたものを自宅で済ませる。飲食や葬儀以外でもまだまだ考えられそうです。

例えば、すでにあるものなら、

・ママ保育

↓保育設備が不足する自治体で認可されているもので、保育士の免許を持った主婦が自宅で子どもを預かるものです。

・大学のオンライン授業

↓日本でも一部始まっていますが、米国の有名大学ではネットで授業を流しています。

などがあります。

また、これ以外にもまだ考えられそうなものとして、

・在宅オフィス向けクラウドサービス

↓以前に比べ、在宅勤務をする人が増えてきました。自宅で作業するために欠かせない機能を網羅的に提供するサービスです。

・有名ラーメン店の具材キット販売

↓コンビニでは、有名ラーメン店監修の即席麺が売られていますが、もう一歩踏み込んで、オンラインで全国各地にある有名ラーメン店の具材キットを販売するのはどうでしょう。

公式

28

資産の空き時間を活用する

世界を席巻する民泊マッチングサイト「Airbnb（エアビーアンドビー）」(https://www.airbnb.jp/)。

革新的なタクシー事業の「Uber（ウーバー）」(https://www.uber.com/ja-JP/)。

どちらも自社で住宅や車といった資産を抱え込んでいません。資産が遊んでいる時間を活用して、利益を上げるモデルなのです。

似た仕組みで「印刷工場」の空き時間を利用し、成果を出している例があります。

「ラクスル」(http://raksul.com/)

ＣＭで見かけた方もいらっしゃるかと思います。激安価格で名刺やチラシ、ポスターなど印刷物を提供するサービスです。名刺の場合、１００枚でなんと４６３円（受付日から7日後の受取)。一枚あたり5円しないという安さです。

24時間対応で、名刺など一部の商品を除いて全国送料無料ととことんまで安さをアピールし、ビジネスを拡大しています。

仕組みは全国に点在する印刷工場の「印刷機の空き時間」の利用。24時間動き続けているものはさすがにないでしょう。全国にある印刷所は、総務省の統計によると約1万2千カ所。仮にこのうちの30％と契約できたとして、4千カ所。利用可能な時間が1日あたり2時間だとしても、8千時間。印刷物1件あたりに要する時間が例えば5時間だとしても、1日に1600件もこなすことが可能になります。

なぜ、成果が出るのか

2つの理由があります。

1つめは冒頭でもご紹介した通り、自社で「資産」を持っていないことです。今、大きな成果を出しているビジネスの多くがこのスタイルです。

一昔前であれば、自前で資産を持ち、それを動かして売上を上げることが一般的でした。しかし、資産を確保するためには、大きな初期費用がかかるほか、業績が厳しくなったとき、「足かせ」になる恐れがあります。反対に自社で資産を持っていなければ、「撤退」も容易です。いわば「リスクヘッジ」が効いている状態。だからうまくいくのです。

2つめは、「分散」。この仕組みは、ITの世界では当たり前の「分散型」という処理モデルと同じです。

ITの世界では、昔大型コンピュータにすべてを任せる方法が主流でした。しかし、これでは大型コンピュータに集中的に負荷がかかる一方、高額な大型コンピュータを何台もおけないという問題が発生しました。そこで生まれたのが、複数のサーバーに振り分けて処理する「クライアント―サーバー型」。あらかじめ何台もサーバーを設置しておき、それぞれの処理状況に応じて、任せるサーバーをその都度変えていく仕組みで、まさにこの事例と同じなのです。

この方法の強みは、全体の負荷が増えたとき、大型コンピュータに比べてはるかに安いサーバーを増やすだけなのでコストが安く済む点。同じように印刷物の依頼が増えても、高額な印刷機を増やすのではなく、提携先の印刷所を増やすだけ。当然、コストはとても安く済みます。

この公式を使って考えられるビジネスモデルの例

すでにあるものでは、水のトラブルのCMで有名な「クラシアン」（http://www.qracian.co.jp/）。全国の水道設備業者をまとめ、コールセンターを作り、案件を振る仕組みで空いた時間を活用しています。

その他にも車の修理工場を同じようにまとめた「カーコンビニ倶楽部」(http://www.carcon.co.jp/)。仕掛けは同じです。これ以外に考えられるものとして。

・学校→授業のない時間帯

アフタースクールとして一部にはビジネスが進んでいる例もあります。

・セルフ式ガソリンスタンド

・映画館→上映時間外

ライブビューイングで大きな成果を出している例もあります。これ以外にも、

・レストラン

時間外に厨房など調理スペースを貸し出すビジネス。バーなどではすでにありますね。

・服の修理業者

・パソコンや携帯の修理業者

なども考えられそうです。

公式

29

スマホを使う

ビジネスを始めるにあたっては、どのカテゴリーを選ぶかが本当に重要です。

市場が小さすぎたり、いわゆる一時的な流行りものを選んだりすると、後々大変です。

鉄板と呼ばれるものには、「衣食住」のほかに「男女」があります。誤解のないように先に言っておきますと、婚活や出会い、合コンなどのことです。いつの時代も間違いなく一定以上の需要があります。

このネタへ新しい技術を持ち込んで成果を上げている事例があります。他のモデルへの転用も合わせてご紹介しましょう。

ビデオ通話でマッチング

「マイ恋」（https://mykoi.jp/）

スマホアプリです。スマートフォンのビデオ通話機能を使って、恋活・婚活ができるサービスです。2分ごとに相手が切り替わる仕組みで、だれでも気軽に参加できるほか、Facebookによる登録のため、安心して利用できることが特徴です。

価格も手軽さに貢献しています。男性会員の場合、1日なら300円。1カ月で2980円、1年だと月々1899円と一般的な婚活系のサービスより一桁低い値段。(女性会員は無料)2016年3月から始まりましたが、メディアで取り上げられるなどかなりさい先のよいスタートを切っています。

なぜ、うまくいくのか

若年層では、恋愛に対して「コスパが悪い」という考えが流行っているそうです。一昔前の世代からすると理解しがたい一面もありますが、なにせ時代はデフレ真っ盛り。お金がないために結婚しない人も増えているほどです。とはいえ、恋愛や結婚そのものに興味がないわけではありません。やってみたいけど、お金がかかる、手間がかかる、そういった障害を取り除くことでビジネスが動き出すのです。月々2千円程度なら、まぁいいかと思う人はかなりいるでしょう。いい人に出会えるなら、いくら掛かっても構わないといった感覚は一昔前です。他の商品やサービスと同様、クオリティが高くてかつ、価格も手頃であること。しまむらなどの快進撃にも現れている通りです。

この公式を使って考えられるビジネスモデルの例

スマホを使って人と人とがコミュニケーションする。この仕組みはまだ他にも転用できそうです。例えば、

・遠隔医療相談

↓米国ではロボットによる手術も実証実験が始まっているそうですが、さすがにまだまだ時間がかかるでしょう。その手前のサービスとして、可能性があります。医者にいくほどではないけど、健康面で相談したいというニーズはかなりあるでしょう。

・遠隔カウンセリング

↓スカイプを使ったサービスがすでに存在します。

・遠隔スクール

↓これはもういろんなところで始まっていますね。

・遠隔ビジネス相談

↓様々な専門家とビデオ通話できるサービス。

これはまだないようです。事例と同様に価格を下げる余地があります。

公式

30

新しいコンセプトを付ける

ビジネスモデルを考える上で、何より「コンセプト」が大切です。コンセプトが成果を左右すると言っても言い過ぎではありません。コンセプトが優れているとそのまま差別化に繋がるからです。

ホテル業界で従来からある「寝る場所」というコンセプトを変えて、見事な成果を上げている事例をご紹介しましょう。

ファーストクラス気分を味わえるホテル

「ファーストキャビン」(http://first-cabin.jp/)

一言で言えば、「カプセルホテル」の豪華版です。そのコンセプトは飛行機の「ファーストクラス」や「ビジネスクラス」。一般的なカプセルホテルが2㎡ないぐらいなのに対して、このサービスで提供されるものは、4・4㎡。倍以上の広さがあります。カギはかかりませんが、パーティションがあり、まさにフルフラットのファーストクラスをイメージさせるものになっています。設備も32インチ液晶テレビのほか、Wi-Fiや電源コンセントも付いていて、ビジネスに関わる人にとっては申し分ないようになっています。

価格は6千円（羽田空港店）。一般的なビジネスホテルと同じくらいですが、1時間単位の利用もできるため、気分転換や作業にも使えそうです。現在、国内に11カ所。着実に歩みを進めている好例です。

なぜ、うまくいくのか

コンセプトがわかりやすい。何よりもこの点が重要です。

コンセプトはとにかく伝わらなければ意味がありません。そして、コンセプトのままではいけません。その意味を体現する仕組みが必要なのです。

ご紹介した事例の場合、「ファーストクラス」とコンセプトを付けた以上、実際の設備もファーストクラスを彷彿とさせ、コンセプト＝実物にしています。こうしておくことで、「顧客が持つイメージ」にズレが起きないのです。

聞いていたものと違う。利用者が一度そう感じてしまうと、なかなか取り返しがつきません。よくありがちなこととして、実際のものより良く宣伝してしまうケースがありますが、むしろ反対に少しイメージを落としておく方が効果的です。顧客の期待値を下げるといいますが、身近な人間関係でもよく起きます。見た目が怖そうだったのに、話をしてみるとすごく感じのいい人だった。最初から好印象の人よりも高く良いイメージを持つのが人間です。

コンセプトとズレないか、もしくは少しだけ事前の期待値を下げておくか、ここが成功のポイントです。

この公式を使って考えられるビジネスモデルの例

この公式は、競争の激しい業界に後発で参入する際に、とても有効です。ホテル以外にも考えられるケースとして、

・カフェ　・美容室　・理容室　・ネイルサロン　・ゲームセンター　・運送業

などの業態で、新しいコンセプトを付ければこれまでにないサービスが出来上がります。

例えば、ゲームセンターであれば、「シニア向けゲームセンター」などはどうでしょう？従来からのターゲット層である若者を捨てて、シニアが楽しめるゲームを置いてみる。できれば1人で遊ぶタイプではなく、「コミュニケーション」が取れるものがいいでしょう。

公式
31
代わりに選ぶ

情報が多すぎて、どれを選べばよいかわからない。

スマホやパソコンなどの家電品、アプリやゲーム、本や雑誌などから日用品までトンデモないほど種類があります。

人間は選択肢が多すぎると、選べないことで「選ぶこと」そのものを諦めてしまう傾向があります。商品やサービスを提供する側としては、良かれと思ってたくさん出すわけですが、結果的に裏目になってしまっています。

例えば本。年間で8万点もの新刊タイトルが出ています。1日1冊として、年間365冊。人ひとりが一生かけても目を通せないほどの数です。どれが自分にとって必要な本なのか。とても選べません。

こうした中で出てきた面白いビジネスモデルがあります。

美人があなたの悩みに応じた本を選んでくれる

「本 to 美女選書」(http://hontobijo.jp/)

仕組みは明快です。無料の利用者登録をし、悩みを書き込むと1~2週間ほどでその悩みを解決してくれる7冊のリストを送ってくれます。

本そのものの販売はされていません。あくまで本の紹介まで。

利用用金は、1回で7冊を教えてくれる「一度で解決プラン」で1980円、毎月1冊紹介してくれる「月額プラン」が490円。

なぜ、成果が出るのか

本そのものを売るわけではない点がポイントです。

7冊分となると、1冊1500円として1万500円。ちょっと高いですよね。本屋やアマゾンで中身や評価を確認してから買いたいのが本音でしょう。リストだけなら気持ちはラクです。本好きの人や仕事や勉強で解決策が載っている本を求めている人にとっては有り難いサービスです。

また、ビジネスとして本を売らないことで「在庫」も「返品」のリスクもありません。提供するのは「情報」のみ。原価は0。財務はとても身軽です。

この公式を使って考えられるビジネスモデルの例

代わりに情報を選ぶ。この公式を使って考えられるビジネスモデルの例としては、

・乳児・子ども用品
・リサイクル・アウトレット用品
・旅行情報
・就職・転職先情報

↓口コミではなく、専門家による判断材料を提供

なども考えられそうです。

モノを売らずに、情報を売る。参入障壁はあまり高くありませんが、その分リスクも少なくて済みます。

公式
32
カード化する

人間の欲求には様々なものがあります。その1つが、「完成させたい」というもの。例えば、よくキャッチコピーなどで、「たった30分で頭の回転がよくなる○○!」というように、伏せ字になっているのを見たことはありませんか? 欠けているもの、不足しているものを見ると、埋めたくなるのが人間です。その欲求を利用して、知りたいという気持ちを引き起こしています。

趣味の世界で、切手や古銭を集めたくなる、フィッシングでルアーを集めたくなるなどなど。これも同じです。ある程度まで集めると、足りない部分を埋めたくなる性質を応用しているのです。

この人間の性質をうまく活用したビジネスモデルの1つが「カード」です。

アニメや漫画のキャラクターを使ったカードビジネスがあるのはご存知ですよね? お子さんにせがまれて探した人もいるかもしれません。

実は、アニメや漫画だけではないのです。意外なものをカード化し、見事な反響を出している事例があります。

ダムカード

「ダムカード」国土交通省
(http://www.mlit.go.jp/river/kankyo/campaign/shunnkan/damcard.html)

大きさは名刺サイズ。一般的なカードの形をしています。表面にはダムの写真と名称、形式と目的が、裏面には所在地、ダムがある河川の名称、型式や貯水量、ダムの大きさが記載されています。ダムの管理事務所やその周辺施設で無料配布されています。

驚くのは、その数です。なんと300種類以上！

ダムのカードなんて集めたいか？と思われるかもしれません。

いえいえ、人間の本能はいかんともしがたいもの。小学生の頃、ビックリマンシールやプロ野球カードにハマりませんでしたか？

なぜそんなものが欲しかったのか、なかなか説明がつかないはずです。でも、とにかく欲しかった。特にレアカードと呼ばれるものがあるとなおさらです。

この公式を使って考えられるビジネスモデルの例

種類があるものなら何でもアリでしょう。すでにあるものでは、

・新幹線カード

↓0系から始まって、最新のN700系まで。鉄道マニアでなくとも欲しくなるかもしれません。これ以外で考えられるのは、

・建物カード

↓珍しい建物を集めたカード

・観光スポットカード

↓地方再生に活かせるかもしれません。その地方にしかない場所や名所、観光資源のカード化です。

・イケメン・美女カード

↓さすがにこれはもうありそうですね。

・魚カード

↓いろんな魚の写真と情報が載っているカード

など、いろいろと考えられそうです。

公式
33
意外なものをマッチングする

マッチングビジネスが花盛りです。

王道は、もちろん人と人。「専門家」と「専門家を探している人」を結びつけるビジネスモデルや、就活生と企業担当者を結びつけるものなどです。人以外では、空きスペースや会議室など不動産系などがありますが、ご紹介するのはまた別の切り口です。

企業と広告スペースをマッチング

「LAMP」(http://www.zaigenkakuho.com/lamp)

株式会社ホープが提供する地方自治体やフリーペーパーと広告主とのマッチングサービスです。広告を出したい企業と広告スペースを提供したい自治体や企業とを結びつけるものです。例えば、自治体の場合、ホームページに始まり、広報誌や庁舎の壁面、職員の給与明細の裏側など。さまざまなところが対象になります。

一方の広告出稿者は、エリアに絞って探すことができ、ピンポイントな広告を打つことが可能です。

地方経済が厳しいと叫ばれる今、特に観光資源などが乏しい地方自治体にとっては既存資産を活かす少なくないメリットがあります。

なぜ、うまくいくのか

理由は2つです。

1つは、すでにあるリソースを最大限活用していること。さきほど述べたように、観光資源の少ない自治体も当然あります。

何もないと考えを止めるのではなく、何があるのかという視点で考える。どんな自治体であっても、

・職員　・庁舎　・広報媒体
・WEBサイト（さすがに今どきない、というところはないでしょう）

は必ずあります。

これらを「どこにでもあるもの」＝利用価値がないと決めつけるか、「どこにでもあるもの」＝横展開が可能と考えるかで大きな違いが生まれます。また、自社サイドにとっては有

効活用できないものであっても、他社から見れば、「価値がある」ものもたくさんあるのです。

（こういった利用方法を考えるときに、第2章の「新しいビジネスモデルを90分で見つける【垂直思考】」でご紹介している「抽象化と具体化」が役に立ちます。）

もう1つの理由は、強い需要です。

広告の出稿にしても、自治体側にとっての新たな収益源も、どちらも強いニーズがあります。

当たり前過ぎるかもしれませんが、こうしたマッチング系ビジネスを考える上では、両者にそれぞれ強いニーズがあるのかどうか、真っ先に考えておくべきポイントです。

SNSの発達・拡大によって、「誰かとつながる」ことに対する抵抗感がすっかり薄れました。それは人に限らず、人や組織が持つ資産についてもです。

車、不動産、広告以外でもまだまだマッチングは考えられそうです。探している人と何か。どんなことを解決してくれるものを探しているのか。

ぜひ、ここを起点にいろいろと考えを張り巡らせてみてください。トンデモないビジネスチャンスに巡り会えるかもしれません。

公式

34

組み合わせる

新しいビジネスモデルを考える際、ゼロから生み出そうとする必要はありません。もちろん、それができれば最高です。しかし、現在ないものをビジネスにしようとすると、お客さんがいないという大きな落とし穴にハマる恐れがあります。

いいアイデアだと思ったら、競合がいたと気にする方を見受けますが、残念がる必要はありません。競合がいるということは、お客さんが間違いなくそこにいるということ。

自社で時間とお金を使って証明しなくても、競合他社が手間暇をかけ、ビジネスが成立する可能性を明らかにしてくれているのです。競合がいることは有り難いことなのです。

とはいえ、後発で乗り込む際に競合と同じことをやっていたのでは、お話になりません。

そこでご紹介したいのが、成功している機能同士を組み合わせる方法。

早速ご紹介しましょう。

自分の好みにあった飲食店が見つかるアプリ

「シンクロライフ」(http://synchrolife.jp/)

食べログ、ぐるなびなどを筆頭に様々な飲食店情報が溢れかえっています。後発での参入を考えるとき、同じ手法を取っていては到底勝てません。

このシンクロライフが取ったのは、

SNS×学習機能×飲食情報

です。

どこの誰かわからない人の評価ではなく、友人の評価で判断する仕組みです。友人により提供された「ここのレストラン美味しいよ」という情報に対して、格付け。これを進めていくと、学習機能によって、自分のフィードにシンクロした情報だけを集めてきてくれるようになっています。

この仕組み、どこかで聞いたことがあると思いませんか?

そうです。ニュースアプリですね。読みたいニュースを選び続けていくと、似た性質の記事を集めてきてくれる仕組みです。

SNSと連携し、学習して、自分好みの情報を集めてきてくれる。

このサービスはそこへ、SNSの要素をかけ合わせた新しい飲食店情報なのです。

この公式で考えられるビジネスモデルの例

SNS×〇〇という仕組みは他にも考えられそうです。

すでにあるものでは、人材紹介ビジネスがあります。SNSを組み込んで、採用側と応募側が事前にやりとりできるようになっているのです。

これ以外にも、

・SNS×受験情報

・SNS×不動産情報

・SNS×旅行情報

・SNS×安否情報

・SNS×病院情報

等々が考えられそうです。

公式

35 場を提供する

ビジネスで最も手堅い方法の1つが、プラットフォーム、つまり「場」を提供することです。みなさんの日頃の生活の中にも「場」があります。そして、その多くは見事なまでに安定し、強いモデルになっています。

例えば、「駅」。JR東日本が展開する「エキナカ」。とても賑わっていますよね。駅という場で様々なビジネスを展開しています。場を提供する側は、まさに不動産事業のようなもの。コンテンツさえ整えれば、いくらでも儲かるわけです。

これはネットの世界も同じです。グーグルやヤフー、楽天といった大手サービスの多くが、「場」を提供するもの。違いは提供するコンテンツです。

こうした方法は、資金力のある大手にしかできない芸当なのでしょうか？

いいえ。そんなことはありません。発想次第です。

見事な発想で成果を上げている事例をご紹介しましょう。

指先ひとつでアクセサリー「だれでもデザイナーに成れる場所」

「monomy」(http://www.monomy.co/)

なんと、スマホだけでオリジナルのアクセサリーが簡単に作れ、しかもそのまま販売できてしまう優れたサービスです。

アクセサリーの作りかたはとても簡単。3千以上あるパーツの中から画面で選び、指先で組み合わせるだけ。出来上がった作品は、そのままサイトに掲載され、値段が付いて共有されます。出来上がりを見た人が、オーダーすると運営側にいる職人が代わりに作成し、配送までやってくれるのです。まさにいたれりつくせりですね。

必要なのはセンスだけ、ということです。

こうしたサービスができる前は、自分でアクセサリーの材料を購入してきて、出来上がりをWebにアップするか、ハンドメイド作品の展示会に出すなど非常に手間がかかっていました。それらの手続きを全てサイト側が提供し、利用者はデザインだけに集中できる。まさに、「だれでもデザイナーに成れる場所」を提供しているのです。

この公式を使って考えられるビジネスモデルの例

ご紹介した事例のように、提供する「場所」は必ずしも情報や商品だけとは限りません。実際に成果を出している例としては、大手の事例ですが第一興商ＤＡＭがあります。

従来のカラオケの位置づけを単なる「カラオケを歌う」ことから、「オーディションの場」へと変え、成果を上げています。

これ以外にも考えられるものとして、

・だれでもファッションデザイナーになれる場所

↓アクセサリーを発展させ、「服」作りができる場を提供

・だれでも「ワイナリー」

↓樽単位で日本酒を販売する仕組みがありました。同様にワインやビールでも考えられそうです。（残念ながら、たぶんありそうですが）

・アプリ開発

↓以前、ＲＰＧ（ロールプレイングゲーム）を誰でも簡単に作れるツールが無料で配布されていました。同様に、スマホ向けアプリの開発ツール、といっても専門知識を必要とする開発キットではなく、ＩＴの知識がなくても画面操作レベルでできるものです。アイデアだけ出してもらう形式でもいけそうです。

公式
36
手軽さを提供する

サービスの中には、使いたいけどためらってしまうものがあります。その中でも金額が高いものは実際躊躇しますよね。

そうしたものの1つに、「コンサルティング」があります。コンサルティングと聞くと、「高い」「怪しい」「いい加減」などネガティブなイメージを抱く人もいるでしょう。そして、実際に価格＝高いのが一般的です。1回5万や10万ともなると、そうそう手が出せません。

多くの人が利用をためらってしまうもの。そこに大きなビジネスチャンスが眠っています。ご紹介するのは、まさにこの点を突いた「コンサルティング」サービスです。

手軽にコンサルが依頼できる

「ビザスク」（https://service.visasq.com/）

3万人を超える専門家へスポットで相談できるサービスです。従来のコンサルティングサービスとの大きな違いは、2つ。

1つめは、スポット専門。1回あたり、5千円から高いものでも2万5千円くらいのものだけ。内容にもよりますが、スポット専門と言い切られていることで、これ以上かからないという安心感が生まれています。

2つめは、専門家。専門家として登録している人の多くは現役のビジネスパースン。スキマ時間を使って、専門分野の業務経験に基づいたアドバイスを行っている点です。専業でやっている人だけで構成しようとすると、競合先と間違いなく被ります。また、時間の占有も難しいでしょう。現役のビジネスパーソンを対象にすることで、質を維持しながらも、量を提供することができているわけです。

なぜ成果が出るのか

最大の理由は、金額が見えていることです。

いくらかかるのかわからない。これほど利用者の不安を掻き立てるものはありません。それは銀座あたりの高いお寿司屋さんに入るようなもの。実際、回転寿司が一大カテゴリーになった背景もここにあります。

お寿司は高い。いくらかかるのかわからない。とてもじゃないが入りづらい。そんな不安に対して、1皿100円など値段がはっきりとわかるようにしたことでお寿司が手軽なものに変身し、爆発的に広がったのです。

この公式を使って考えられるビジネスモデルの例

本当は利用したいけど、価格が高いことなどで簡単に手が出せない。そこへ価格を「見える化」して、「手軽さ」を提供する。この切り口を使って他にどんなビジネスが考えられるでしょうか? 例えば、

・大学の授業
↓すでに米国の大学が動画サイトで授業を配信していますが、さらに踏み込んで様々な大学の授業を月額決まった金額で見ることができるサービスはどうでしょうか?
・高級車専門のカーシェアリング
↓残念ながらこれはすでにありますが、カーシェアリングが当たり前になりつつある今、参入の可能性は0ではありません。
・宝石のレンタル
↓コンサルティングと同様、とにかく高いイメージしかありません。

公式
37 全体を何かに見立てる

個々の商品やサービス単体だけで、ビジネスを勝ち進めるのはなかなか大変です。どれほど好調でも競合が登場したり、価格競争が始まると「逃げ場」がないからです。

そうした厳しい環境に変化しても、なお打ち勝つ考え方があります。

それが「全体化」すること。商品やサービスをいくつかまとめてしまい、そこへコンセプトを付けて、1つのものに見立てる方法です。

街全体がホテル

「hanare」(http://hanare.hagiso.jp/)

猫がいたるところで出迎えてくれることで有名な谷中銀座がある、東京・谷中。

ここに生まれたのが街全体を「ホテル」に見立てたサービスです。

例えば、宿泊施設を中心にレストランは街にある飲食店。お風呂は街の銭湯といったように。朝ごはん、銭湯チケット、アメニティ、オプションとして、レンタサイクルや尺八の演奏が付いています。2人1部屋で広さ10・7㎡、朝食付きで料金は1万8千円（税別）。1人9千円。似たような事例は見当たらない上、元々有名な谷中銀座がコンテンツの中心にあるので、かなりの結果が見込めそうです。

このビジネスの狙い

特定の店舗だけが儲かっても、街や商店街全体の盛り上がりには繋がりません。街全体を対象にして収益を立てることで、利益分配を通して全体が潤います。この考え方は今や私達が普通に使っているある仕組みと共通するものです。それは、「Suica」と「PASMO」です。

JR、地下鉄、私鉄各線すべて1枚のカードで利用可能です。利便性を格段に引き上げることで、利用者の「リピート」を狙い、習慣化してもらうのがこの仕組みの狙いなのです。

この公式を使ったビジネスモデルの例

すでにある例としては、「街コンジャパン」（https://machicon.jp/）が有名ですね。株式上場も果たしました。街全体をコンパする場に位置づけ、地方の活性化を図る手段として大きな成果を出しました。

街を全体化するというビジネスモデルとしては、

・ゲーム大会

↓プロゲーマーを輩出している「eスポーツ」が世界的にブームです。日本でもプロゲーマー育成の専門学校が誕生しました。街全体を上げて、大会を開くということが考えられそうです。街の中心に大型プロジェクターを設置したり、関連店舗で試合の様子が見られるモニターを設置するなど。ここに来なければ見ることができないように、クローズされたネット環境にしておくのがポイントでしょう。

・超・グローバル商店街

↓一部には中国語やハングル、英語を併記するところもありますが、まだまだこれからです。街で提供されるものを多言語化するのです。配布するチラシ、Ｗｅｂサイトなど。

・宝探し

↓ゲーム大会のアナログ版。街なかにいろんな情報を配置して、探してもらう。すべて見つけた人には賞品を提供。数は少なくてもＯＫなので、できるだけ派手でメディア受けするものがいいでしょう。

公式 38 ワンコインにする

デフレ真っ盛り。牛丼チェーンは息を吹き返し、ファッション業界のしまむらや100均など低価格帯ビジネス全体が加速しています。

デフレは賃下げなどのあまり望ましくない一面もありますが、ビジネスとしては戦いがいのある局面です。従来からあるビジネスについて、低価格のモデルを創れば、新たな利益を生み出す大きなチャンスです。

そんな中で、ぜひ発想の1つに加えていただきたいのが、「ワンコイン」。

いまさら、と思われるかもしれませんが、ありとあらゆる業態に当てはめて考えることができます。

実際、これもワンコインになるのか、という事例があります。

それはなんと、「セキュリティ」。月々それなりの費用がかかるというイメージがありますが、それをワンコイン、500円にしてしまったビジネスモデルです。

500円のセキュリティーサービス

「SMART ROOM SECURITY」(http://principle2007.co.jp/)

福岡県にある株式会社プリンシプルが提供する、セキュリティーサービスです。

なんと、月額料金が500円から980円！　一般的には数千円はかかります。

なぜ、こんな金額で提供できるのか。

まさか、品質が低いのでは？と思われたかもしれません。

価格を落とすために、品質を下げるのは本末転倒です。サービスインしたばかりであれば、アピールになるかもしれませんが、継続性を損ないます。

その秘密は、課金の方法にありました。要は、実際に警備員が動いたときに費用が発生するようになっているのです。つまり、通信の世界でよく見かける「従量課金制」です。

何もない平常時を安くして、有事の際にその分の費用が発生する。

まさに他の業態にある仕組みを転用した見事な例です。

この公式を使って考えられるビジネスモデルの例

ワンコインを使うビジネスモデルは他にもいろんなことが考えられそうです。

すでにあるもので、画期的なサービスが「健康診断」ですね。

これ以外にも、

・ワンコイン英会話↓オンライン系ですでにありますね。

・ワンコイン資格講座↓これはまだ見当たりません。

・ワンコインクリーニング↓もしかするとあるかも。

・ワンコイン大学↓英会話と同じくオンライン前提で授業を展開

・ワンコインカフェ↓これもあるかもしれません。

・ワンコインボーリング　・ワンコインカウンセリング

・ワンコインスーパー

↓100均に近いイメージですが、定額をアピールしたスーパーはまだ見かけません。

などまだまだ考えられそうです。

ぜひ、既存の事業を含め、ワンコインで提供できるモノやサービスはないか探してみてください。なお、ワンコインにする分、別の部分で収益を確保できる仕組みをくれぐれもお忘れなく。

公式

39

宅配する

宅配と聞くと、ピザやパスタ、お弁当のデリバリーをイメージするかと思います。しかし、家に何かを届けてくれるサービスは食品だけではありません。

ご紹介するのは、なんと「宅配型トランクルーム」。

トランクルームといえば、従来自分で鍵を持ち、その場に出かけて荷物を出し入れするサービスでした。ところがこのビジネスは、まさにその真逆なのです。

事例とともに、この公式を使って考えられるビジネスモデルの例をご紹介しましょう。

宅配してくれるトランクルーム

「HIROIE（ヒロイエ）」(http://www.hiroie.jp/)

文字通り、トランクルームへの出し入れを専門のスタッフがやってくれるものです。

利用には保管料と梱包配送料がかかります。保管料は、0・2畳で月額3980円。配送料はダンボールに収まるものであれば、一箱1千円。

一般的なトランクルームとの違いは、その安さです。よくあるトランクルームは「場所」を借りるため、不動産の要素を持っています。そのため、保管料のほかに敷金や礼金、保証金などが発生します。一方でこのサービスは、月額利用料だけ。0・5畳の料金で比べた場合、一般的なトランクルームの半額以下になるそうです。

なぜ、こんなに安くできるのでしょうか。それは、保管場所に秘密があります。

一般的なトランクルームの場合、利用者が出し入れにいかなければなりません。当然、利便性の高い場所にならざるを得ません。その結果、どうしても地代を反映した価格設定になってしまう。

このサービスでは、利用者に代わって荷物の出し入れや運搬をすることで、保管場所を地価の安い場所に設定することが可能。これが低価格の仕組みです。

なぜ、成果がでるのか

2つの理由が考えられます。

1つは、「手間を省いたこと」。宅配の本来の機能は、利用者が「その場所」までいかなくても済むサービスです。食事のデリバリーであれば、わざわざレストランにいかなくても家で待っていればいい。雨の日なんかは非常に助かります。

2つめは、価格。トランクルームサービスには、食品と違い「差別化」が難しい。選ばれる理由はどうしても価格になりがちです。従来からあるビジネスモデルのまま低価格で挑むのは危険です。

この公式を使って考えられるビジネスモデルの例

すでにあるサービスでは「靴磨き」。汚れた靴をダンボールに詰めて送ると、キレイになって帰ってくるというものです。あと有名どころでは、ブックオフのサービスがありますね。

この他に「宅配型」で考えられるものとしては、

・服のお直し　・着なくなった服の引取りサービス

・メガネやコンタクトレンズの販売

↓すでに近いサービスがあります。ネットで自分の写真に合わせて、決まったものを購入。後日送ってもらうサービスです。

・書棚

↓家に置くスペースはないが、でも手放したくない。ときどき読み返したい人向けの「書棚」サービス。

公式
40
専用メディアを創る

ニュースサイトはよくご覧になりますか？　今やテレビのニュースよりも情報が早いため、もっぱらスマホで確認する人が圧倒的でしょう。

そして、実際たくさんありますよね。ヤフーなどのポータルサイトだけではなく、レコメンデーション機能を持つグノシーやスマートニュースといったニュース専門のメディアも存在します。すべての情報が載っているサイトを今さら構築しても参入は難しいですが、ニュース専門といったように、何かに特化する切り口はまだまだチャンスがあります。事例の1つをご紹介しましょう。

医療専門のメディアサイト

「MedPeer（メドピア）」（https://medpeer.co.jp/）

お医者さん向けの情報共有サイトです。メインはもちろん、医療情報です。

医療の世界も、日々刻々と新しい技術が生まれ、仕事をしながら追いついていくのはかなりたいへんです。

また、医療は人命にかかわること。一般的な仕事と比べ、大きなプレッシャーがかかります。

そうした大変な状況にあるお医者さんが同じお医者さん同士で見落としていたことや、医療に関する問題などについて情報交換できるのがこのサービスです。

なぜ、うまくいくのか

このサービスを運営する企業は、見事に上場を果たしています。

なぜ、そこに至ることができたのか。それは、人間の性質を知ることで見えてきます。

自分のことをわかってくれる人が欲しい。人間に備わる強い欲求の1つです。

お医者さんだけではないでしょう。自分と同じ立場や環境にいる人たちだから、きっとわかってくれるだろう。そうした想いをつなぎ合わせる。

この欲求がなくなることはありません。どれだけ技術が進歩してもです。

つまり永久的な需要があるわけです。成果を出せることは間違いありません。

この公式を使って考えられるビジネスモデルの例

お医者さん以外に向けた専用メディアはまだまだ考えられます。すでにあるものでは、

・学校の先生向けメディア　・介護事業者向けメディア　・就活生向けメディア

などがあります。これ以外に考えられるものとして、

・起業予定者向けメディア→漠然と「起業」とするのではなく、「飲食店開業者向け」「士業向け」など細かくカテゴリーに分ける。すでにいくつかは存在しています。

・DIY利用者向けメディア　・アスリート向けメディア

なども考えられそうです。

「職種」「シチュエーション」などの切り口から、他にないか考えてみてください。

なお、このビジネスモデルは、明らかにそのポジションを取った人の勝ちです。二番煎じは難しいでしょう。なぜなら、先行者がある程度対象者を確保すれば後発がそれを取り返すのが難しいからです。(利用者が増えることで利便性が高くなり、さらに利用者が増える。この善循環が働くため)

Webサイト自体の構築には大きな投資を要しません。

ぜひ、何かいい切り口が見つかったらすばやく取り掛かることをオススメします。

公式41 1次情報を使う

情報には段階があります。1次、2次、3次……というふうに。

1次情報とは、出来事に直接触れ、直に集めた情報のことです。例えば、何かの事件があった。現場に直接おもむき、関係者や警察に話を聞いて事件の詳細をまとめる。これが1次情報です。

直接現場で見聞きした人から、話を聞いて、内容をまとめたものが2次情報。一言でいえば、「又聞き」です。3次情報は2次情報のさらに又聞きとなります。

インターネットが当たり前になった今、ニュース1つ取ってもどこかのニュースサイトから転載された「2次情報」だらけです。1次情報を取りに行くのは大変な手間とコストがかかることと、毎日たくさんの事件が起こるために、イチイチやってられない（人手が間に合わない）からです。

とはいえ、やはり強いのは「1次情報」です。なにせ「生情報」ですから、鮮度もインパクトも違います。
あえて、1次情報にこだわって成果を出している旅行情報サイトがあります。

全てが現地取材の旅行情報サイト

「TRIPS」(http://trip-s.world/)

旅行先で困るのが、想像していたことと違うこと。よくありますよね。ワクワク気分で行ってみたら、休みだったとか、めちゃくちゃ混んでいて入れなかった。Webサイトに載っている商品やサービスと全然違ったなどなど。朝早く起きて電車や車を乗り継いでせっかく行ったのに、気分が滅入ります。

そうした旅行者に代わって、実際に現地に記者が赴き、自身で体験しながらその内容を写真付きで紹介してくれるサイトなのです。実際に並ぶ人になって、そのプロセスが細かく載っているのです。

例えば、原宿に誕生した最新かき氷の紹介では、開店前からできている大行列の様子に始まり、配られた整理券、店内の様子(メニューやテーブルの上など)も細かく写真付きで掲載。とてもわかりやすく、まさに利用者目線になっています。

なぜ、成果が出るのか

冒頭でお話ししたとおり、大多数の情報サイトは「2次情報」です。簡単な紹介とリンクが貼ってあるだけ。もちろん、これはこれで役に立つのですが、やはり行ったあとのことが見えず、「よし、行ってみよう!」とはなりません。

先ほどの原宿のかき氷のように、たとえトンデモない行列であったとしても事前にわかっていて覚悟して行くのと、行ってみたら「えっ? こんなに並ぶの?」となるのでは大違いです。

1次情報を提供するということは、まさに利用者に代わって体験し、その情報を提供することなのです。

利用者にとっては、確認する手間と失敗するリスクを減らすことができるのです。これほど有り難いサービスはないでしょう。

この公式を使って考えられるビジネスモデルの例

すでにあるものでは、ユーチューバーによるゲーム実況。

このゲームが本当に面白いかどうか、紹介を兼ね代わりにやってくれているわけです。

これ以外にも、

・英会話、ヨガ、ダンスなどの習い事の体験を代わりにやってレポート
・新しく発売された家電製品や家具の使用体験
↓これはたぶん存在するはずです。少なくともスマホやＰＣなどはありますよね。エアコンや冷蔵庫などはなさそうですが。
・仕事を体験し、レポート
↓就活生や転職希望者向けに提供する情報としてアリだと思います。（すでにあるかもしれません）
これ以外にも「利用者に代わって体験、取材しその情報を提供する」というモデルはまだまだ考えられそうです。

公式

42

本業で収益を上げない

あらゆるビジネス分野が成熟化する中、本業で収益を上げることが難しくなりつつあります。そこで考えたいのが、本業の収益モデルの見直しです。従来からの方法ではなく、別の手段で収益を確保する。本業の原型はそのままに、収益の流れだけを見直してみる。切り替えがうまくいくと、競合他社にはマネできない高い収益を得られるチャンスが生まれます。見事な好例をご紹介しましょう。

不動産事業で収益を上げない「不動産会社」

「ワーホリインTOKYO」（https://wh-tokyo.com/）

株式会社スマートライフが提供する女性向けシェアハウスです。これだけだと、よくありそうだと思われるでしょう。このサービスの革新的なのは、劇的とも言える安い家賃です。

交通の便の良い都内でも家賃5万円といったものがあるのです。

かなり築年数の経っているものだろうと思われたかもしれません。しかし、この会社の設立は２０１４年。つまり、古いものでもせいぜい2年しか経過していないのです。不動産の物件で2年は、ほとんど新築と変わりません。見た目の区別もつかないでしょう。

築浅の物件を格安で提供。どうしてこんなことができるのでしょう。

実は、人材紹介会社と提携し、シェアハウスに住む女性向けに仕事情報を紹介することで得られる手数料を持っているのです。

つまり、不動産そのものではなく、不動産を利用する人を資産と見立て、収益をあげる仕組みを作っているのです。

この公式を使って考えられるビジネスモデルの例

従来のやり方とは異なる手段で収益を確保する。この方法を使って考えられるものとして、有名なケースでは

・「コストコ」(http://www.costco.co.jp/p/)

↓商品価格を安く提供する代わりに、月額会費が発生。

※商品販売によるものではなく、会費による利益で事業運営が成り立っています。

これ以外にも、

・広告モデル型の学校
↓Ｗｅｂで動画形式の授業を提供。授業料を安くし、その分を広告費で賄う。
・セルフ型居酒屋
↓コーヒーチェーンのように利用者が業務の一部を手伝う代わりに価格を安くする。(学生居酒屋がすでにありますね)

↓もしくは、商品を載せる皿やテーブルに広告を展開。

などが考えられそうです。

本業で大儲けができている分野は残念ながら、ごく一部です。

ぜひ、新しい収益スタイルを構築し、大きな成果を確保してください。

公式

43

一般常識の逆を突く

新しいビジネスモデルを考えるとき、まず「他社とは違うもの」を考えるところからスタートします。いわゆる「差別化」ですね。

このとき、最も大切なポイントをお忘れなく。

そう、「お客さん」です。

単純に他社と違うことをやっても意味はありません。お客さんにとって意味のある「差別化」でなければビジネスとして成立しません。ではどのように差別化すればいいのか。

今日ご紹介したいのは、一般常識の逆を突くというものです。

我々は、知らないうちにこれはこういうものだという、目に見えない「常識」や思い込みにとらわれています。

もちろん、こうした常識や思い込み自体が良くないものということではありません。

飛び交う大量の情報をいちいち考えて行動していては身が持たないからです。

しかし、新しいビジネスを考えるときには、この常識や思い込みは「敵」です。発想に制限がかかってしまうから、です。

この一般常識の逆を見事についたビジネスを一つご紹介しましょう。

ゆっくり走るタクシー

それは、横浜を中心に東京など5拠点でタクシー事業を展開する「三和交通」のタートルタクシーです。

「タートルタクシー」(http://turtle-taxi.tumblr.com/about)

一見、普通のタクシーですが、このタクシーには他にはない特殊なものが設置されています。それが「ゆっくりボタン」。

「お腹に子どもがいるから、安全で丁寧に走ってほしい」

「体調が悪いから、あまり揺れないようにしてほしい」

必ずしも急いでいるときだけタクシーを利用するとは限りません。バスや電車などの公共交通機関では混んでいて落ち着けない。病院に行きたいが、とても電車に乗り継いでいられない。

こんなときもありますよね。でも、「急いでませんので、ゆっくり走ってほしい」と、運転手さんに伝えづらい。そこで生まれたのがこのボタンです。

「ボタンを押すと、いつもより、ゆっくり丁寧な運転を開始します」と書かれています。

タートル、つまり亀のようにゆっくり走る。

タクシー＝急いで目的地に向かうための乗り物というイメージが私たちにはあります。寝過ごして約束に遅れそう、電車が止まってしまった、救急車を待っている余裕がない。こんなときに呼ぶのがタクシーだとそう思い込んでいるからです。

例えば、美容室。キレイになりたいと思っている人もいれば、とにかく早く済ませてほしいと思っている人もいます。

美容室＝オシャレにキレイに髪を整えてくれるところ

というイメージは、提供者側の思い込みにすぎない、ということです。価格もそうです。

この公式を使って考えられるビジネスモデルの例

タクシー以外に、どんなことが考えられるでしょうか？

例えば、すでにあるものでは、

・シルバー人材↓年配者は活用が難しいという常識の逆ですね。

・ノンアルコールビール↓ビールにはアルコールが含まれているという常識。

・ショールーミング専門店↓その場では売らず、あくまで試着専門のアパレルショップ。
・ゆっくり過ごすファスト・フード↓2、3年前から広がり始めた「ちょい飲み」ですね。
などがあります。

まだ存在はしませんが、
・雑誌コーナーがないコンビニ↓雑誌コーナーの代わりに、作業スペースがあるなど。
・本を売らない本屋
↓ネットカフェの「新刊書店」版です。会員制にして、すべての本が読み放題。
といったことも考えられそうです。
これ以外にも、当たり前と思ってみていることをぜひ探してみてください。

公式
44
矢面に立たない

東京駅の丸の内北口を出ると、懐かしい光景が目に入ってきます。

「靴磨き」です。

2人の中年の方が、低い椅子に座り、立っているお客さんの靴を念入りに磨いています。靴は生活必需品ですから、「需要」がなくなることはありません。ニュースの映像にもよく出る人通りの多い場所ですから、安定した売り上げが見込めそうです。

ただ、一人でこなすビジネスとしては良いのですが、それ以上の広がりは期待できそうにありません。もっと利益を伸ばすいい方法はないのでしょうか？

「たくさん人を雇ってフランチャイズのように展開すればいいのでは？」

残念ながら、それでは都内のほとんどの駅に店舗を構える「ミスターミニット」（http://www.minit.co.jp/）と被ります。いまさら競争は難しいでしょう。

実は、このような人手によるサービスの世界で、見事なビジネスモデルを組み上げ、成長している企業があります。
さっそくその企業をご紹介しましょう。

修理をしない「修理会社」

「iFixit」(https://jp.ifixit.com/)

iFixit社は、iPhoneなどアップル製品を対象に「修理用の部品」を販売する企業です。落としたり、壊したりしたiPhoneやiPadを自分で修理したい人や、修理業を行なう業者向けの部品やキットを販売しています。

iPhoneって修理代が高いですよね。例えば、バックカメラの場合、専門の修理業者に出すと安いところでも1万7千円もします。

このiFixit社はiPhone7用カメラを69・95ドル(1ドル=112円としても、約7千800円)で販売。肝心なマニュアルもWebで無料公開しているほか、ユーザー同士が相談し合うためのフォーラムも無料で運営。しかし、「修理」は請け負っていません。あくまで、修理用の部品を安く販売しているだけ。

「これだけ安いと、ここで部品を買えば「修理業者」ができるんじゃ……?」

その通りです。この企業にとっての一番の顧客は、ユーザーではなく、「修理業者」なのです。自社で修理を請け負わず、修理業者に「修理部品」を供給する。

iPhone一つとっても、iPhone4、4S、5、5S、6、6plusと次々に新製品が登場。そのたびに修理部品が必要になる――iPhoneが進化し続ける限り、売上が確保できる見事なビジネスモデルです。

「クオリティ」がすべて

部品の品質の高さがこのビジネスのカギです。

一時期インターネットで流行った「情報商材」のようなことをしてはいけません。早晩ビジネスが崩壊します。

実際、このiFixit社は、アップルから新製品が出るたびに、分解した様子をWeb公開し、必要となる部品のクオリティを高めています。

高い品質は、今や当たり前です。さらに何かプラスアルファの付加価値を求められています。品質維持にはコストを投じましょう。

この公式を使って考えられるビジネスモデルの例

新しいバージョンがよくでてくる商品やサービスが対象として最適です。

・Ｗｅｂ制作
↓Ｗｅｂ制作そのものを請け負うのではなく、簡単に機能的なＷｅｂサイトができるツールを有償で販売する。（ホームページビルダーがありますね）
・車、バイク、自転車の修理キット販売
・自主出版用の製作キット
↓すでにあるかもしれません。
・服のお直しキット

このように直接手を下さなくても、一歩下がって、作業する人たちや企業に提供できるサービスや商材がないか、ぜひ御社のビジネスでも探してみてください。たくさんの人手を必要とせず、安定した利益率の高いビジネスが構築できるはずです。

公式 45

インターネットに頼らない

スーパーの売上が下がる中、一層の躍進を続けているコンビニ。

その数、今や5万店を超えています。

そのコンビニ以上に〝店舗〟が多いビジネスがあるのをご存じでしょうか？

有名な話なので、ご存じかもしれません。

そうです。「歯科医院」ですね。

平成24年時点でその数なんと59740。コンビニよりも多いのです。

実際、駅ビルなどでよく見かけますよね。多いところだと駅の周辺だけで4、5カ所あるのではないでしょうか？

これだけ多いと競争が厳しいのは明らかで、開業している歯科医院の平均年収は300万円以下との調査もあるほどです。

開業医が儲かると言われたのは大昔。大学の先生などと同じく、すっかり割に合わないビジネスになっています。儲からないからとはいえ、他のビジネスのように新商品が開発できるわけもなく、銀行のように提供できるものは決まっています。

「歯科ビジネスで儲かる方法はないのだろうか？」

ひたすら競争するしかないのか、と気にしていたところ、見つけました。

ネット＆スマホ全盛期の今、あえてアナログで展開しているサービスです。

アナログな方法

株式会社メディカルアドバンスが展開する「内覧会」（http://www.medical-advance.com/）です。

歯医者にいくことは多くの人にとって抵抗があります。

過去に一度でも行ったところならまだしも、知らない歯医者にはなかなか足が向かないでしょう。

そこで、この会社が提供したのが「内覧会」。医院をその地域に住む方に公開してしまうというやり方です。自由に院内の設備を見て、院長、職員の人柄に触れて貰うことで、信頼感や安心感を生み出し、集患・増患を図る集客方法です。

内覧会の開催数は都内だけでも年３００回以上。

内覧会の来場者の約1割が、そのあとの3日間以内に予約するという好循環を生んでいます。

ハードウェアとソフトウェア

インターネットを使って、バーチャルでマンションの内覧をする不動産の例があります。しかし、不動産の差別化ポイントは、立地、間取り、そして価格です。建物つまり「ハードウェア」がメインです。

ところが、歯科医院の場合、ハードウェアで差別化は図れません。

もちろん、最新の医療機器があるかないかという点もありますが、医療業務をするのは「人」、つまりソフトウェアです。

様々なモノやサービスがインターネットで提供できるようになりましたが、必ずしもデジタルがいいとは限らないということです。

この公式を使って考えられるビジネスモデルの例

あえて、ネットを使わない。時代の流れのまさに逆張りです。

アナログには人手がかかりますが、その分、顧客との関係性を構築しやすいメリットがあります。
内覧会以外に考えられるものとして、
・地方の空き家を活用した寺子屋
↓大人向けに古くなった古民家などを使って授業をする。
・農作業＋セラピー
↓農作業を通して、自然に触れ、メンタル面の改善を促すサービス。すでに近いものは存在しています。
・非デジタルゲーム専門のゲームセンター
↓カードゲームやボードゲームなど「アナログゲーム」だけを集めたゲームセンター。ゲームを通して、コミュニケーションを図ったり、人脈を広げることを目的に、シニア向けに展開。

といったものも考えられそうです。

公式

46

枠を広げてみる

様々な業界がすでに「成熟期」にあると言われています。

商品やサービスが行き渡り、新しい需要が生まれにくい。そのため、利益が生み出しづらくなっています。

では、自社が成熟期にあると感じている経営者はどうすればいいのでしょうか？

そんなときは、本業のコンセプトを「抽象化」しましょう！

抽象化？　言葉は知っているけど……そう、ちょっとピンとこないですよね。

例えば、日本人が好きなマグロ。これを抽象化するとどうなるでしょう？

そう「魚」です。「マグロ＝魚」ですよね。これが抽象化です。

では、なぜこの「抽象化」が儲けにつながるのか。

実際にこの方法を使って、成果を出している企業をご紹介しましょう。

コンビニ化した銀行

それは岐阜県を拠点に構える「大垣共立銀行」(https://www.okb.co.jp/)です。

さきにお話ししておきますと、銀行業ほど「成熟化した業界」はありません。

メガバンクから町の信金まで合わせると、全国にその数はなんと500。

法律による様々な規制があり、メインのビジネスである「貸付」は「金利の安さ」が唯一の勝負どころです。

お金に違いはありませんから、体力の弱い地方銀行が三菱東京UFJや三井住友などメガバンクに「金利の下げ合い」で勝てるわけがありません。だからと言って何もしなければ昨今ニュースに流れるように「合併」か「消滅」が待ち受けているだけなのです。

このような厳しい環境の中、大垣共立銀行は「銀行」を抽象化しました。

「銀行業=サービス業」と位置付けたのです。

そして、次のような戦略を実行しました。

・入り口に雑誌が並ぶコンビニのような店構え

↓雑誌は本当に販売されています。気軽に入りやすくなりますね。

・ドライブスルー併設型店舗

↓地方は車が必須。買い物ついでに銀行へ立ち寄ることができます。

・ATMは年中無休に
↓まるでコンビニですね。仕事が終わる時間が遅い人でも利用できます。
・高齢者の多い地域を回る「移動式ATM」車両
↓過疎地域に住み、足の悪いお年寄りも利用できるようになります。
※ゆうちょへの対抗手段にもなります。
・行員をテレビ局やコンビニ、スーパーなどに2年間派遣し、サービス業感覚を身に付けさせる。
↓接客能力が向上し、銀行員の〝硬いイメージ〟を払しょくできます。
・地方銀行初の女性の支店長
↓女性客が入りやすく、気軽に相談できる銀行になります。

いかがですか。

まさに〝サービス業〟です。もはや銀行と思えない業務形態です。

この結果、大垣共立銀行はこの10年間で個人客数を13万人、預金残高を8千億円も増やすことに成功！

日本経済新聞が発表する全国の銀行ランキングの顧客満足度は地方銀行トップ、全国でも4位。（2014年時点）。しかもトップ10に10年連続で入り続けています。

なお、抽象化だけ終わっては意味がありません。

いったん抽象化したら、今度は「具体化」する必要があります。

具体的に何をするのか。その内容がちゃんと抽象化したコンセプトから外れないように考えることが大切です。大垣共立銀行の場合、〝サービス業〟から外れるような、たとえば「保険商品の売り込み」などを前面に出してはいけません。サービス業は、優れたサービスの結果、付属の商品を購入してもらえるものだからです。

この公式を使って考えられるビジネスモデルの例

銀行以外でも事業のコンセプトを見なおして成果を出しているケースがあります。例えば、産婦人科。医療をサービス業と位置づけ、滞在する場所として、「ホテル」をイメージした造りになっているのです。

内装だけではなく、有名シェフと提携し、まるでフランス料理のような食事を提供。見事な差別化を実現しています。

この他にも考えられるものとして、
・クリーニング店
↓汚れた服をキレイにするだけではなく、家庭の洗濯場としての位置づけ。単品であずかるのではなく、トランクサービスのように、「スペース」を提供する。

・学校

↓受験勉強の場ではなく、「社会経験を学ぶ場」に変えてみる。

・英会話スクール

↓「英会話」から広げて、英語圏の国々の「文化」や「歴史」を学ぶ場所にしてみる。

・ゲームセンター

↓ゲームをする場ではなく、ゲームを通じて「地域でのコミュニケーションを実現する場」と置き換えてみる。パチンコ・パチスロも同じように考えられるでしょう。

といったものも考えられそうです。

公式

47

何もしない

日本がものづくり大国と言われたのはすっかり昔のこと。

今では全ビジネスの約7割がサービス業に該当すると言われています。

ここまでサービス業が広がったのは、業態により多少違いもありますが、比較的参入しやすいという背景があります。

つまり、参入しやすいということは「簡単にマネをされお客を奪われてしまう」というリスクがあるということです。

では、〝サービス業〟で儲けるには一体どうすればいいのでしょうか？

そんなときは、どんどん「引き算」をしましょう！

「引き算？　それってサービスを減らすっていうこと？　そんなことして大丈夫なの？」

はい、大丈夫です。

「引き算」で成功している企業は意外とたくさんあるのです。

では、さっそく事例に参りましょう。

コーヒーもスイーツも出さない「喫茶店」の正体

ご紹介するそのビジネスは、JR神田駅前にある「KANDA LOUNGE」（https://twitter.com/kanda_lounge）。

勉強や仕事で使う個人向けスペース貸しのビジネスです。

場所は、JR神田駅から歩いてなんと30秒！

90人分の席があり、とても広々としています。ソフトドリンクが飲み放題で、喫煙スペースまであります。

気になる利用金額ですが、30分間250円。しかも最大1250円以上かかりません。つまり、2時間半以上はいくらいても値段は同じというシステムです。

このラウンジの最大の特徴は「食事メニュー」がないこと。

勉強や仕事で長時間利用可能な、いわゆる「ノマドカフェ」と呼ばれるこのような形態では、「客単価」を引き上げるため、食事が提供されているのが一般的です。

ところが、この神田ラウンジでは〝持ち込みOK〟である代わりに、食事の提供がないのです。まさに「引き算」です。

「場所だけを貸して食事を提供しない。じゃ、売上や利益はどうなるんだ?」

気になりますよね。ちょっと計算してみましょう。まずコストです。

・初期費用　保証金、椅子・テーブル90席分

・月次費用　家賃、水道光熱費、人件費

〝キングオブコスト〟である家賃は、神田近辺での平均坪単価は約1万4千円/月。預託金が7万円/坪ほどです。仮に広さが50坪だとすると、月次にかかる費用は、人件費2人分も入れてざっくり170万円ほどでしょう。

肝心な売上はどうでしょう?　1時間あたり30人が利用（稼働率30%）とすると、営業時間10時間で、500円×30人×10時間=15万円。

この水準に達すれば、なんと13日目からあとはすべて利益になるのです。

もちろん、このような計算が成り立つのには理由があります。

それはコストが固定しているということです。家賃も人件費もすべて毎月一定。

飲食にかかる仕入がないため、売上によって変化する「売上原価」がありません。

つまり、売上をひたすら伸ばし、毎月かかる費用を超えれば、あとは儲かる一方というカラクリなのです。

売上が伸び始めると、つい単価を上げようと「食事類」を出しそうになりますが、これは

いけません。

売上は上がりますが、店内が騒がしくなったり、スタッフへの教育も複雑になるなどコストが増えるリスクがあります。また雰囲気が変わることによって仕事に集中したいと考えている既存のお客さんが離れるリスクもあるのです。

既存にあるものから、何かを「引き算」してみる。

今、顧客は過剰なサービスに飽きていると言われています。

なんとか顧客を引き留めようとあれこれサービスを増やすのではなく、バッサリとやめてみる。この結果、管理コストや売上原価が減り、売上計画が読みやすくなります。既存ビジネスから何が引き算できるか、ぜひ考えてみてください。

この公式を使って考えられるビジネスモデルの例

米国にはすでにあるビジネスですが、「美容師のいない美容室」があります。

その正体は、美容室の設備をフリーの美容師に貸し出すもの。

美容室でありながら、実は不動産業というビジネスモデルなのです。

これ以外に考えられるものとしては、

・飲食を提供しないレストラン

↓美容室と同じく、厨房などの設備を貸し出すものです。
週末や昼間だけ貸し出すバーなどが昔からありますね。その発展版です。
・サービスを減らしたホテル
↓ビジネスホテルでは一部実現しています。
・自分で作るかばん屋
↓こちらもすでにサービスとして実現しています。完成品を売るのではなく、お店を工房化して、購入者にカバンを作ってもらうサービスです。

などが考えられそうです。

公式

48

他業界の方法を持ち込む

突然ですが、ZARAやH&Mなどいわゆるファスト・ファッションで服を買ったことがありますか？

ZARAは1998年、H&Mは2008年に日本に上陸。瞬く間に展開し、現在それぞれ100店舗と50店舗を超え、すっかり私たちの生活になじんだ感じすらあります。

しかし、いくらファスト・ファッションであれ、いずれは陰りが訪れます。

国内の雄であるユニクロでさえ、近年伸び悩みを見せているほど。

改めてファッション業界の厳しさを知るところです。

ところが、この厳しい競争を横目にとてもユニークな発想で、確実に成長を遂げている企業があります。

他業界の考えを持ち込む

高級ブランド品お直し専門のSARTO（サルト）。(http://www.sarto.jp/)

この企業は「服」を売っているのではなく、「服のお直し」を専業としています。売上高は昨年から約3倍に伸び、2カ所の工房と5カ所の店舗を構えるまでになっています。

「お直し」と言えば、服を買ったとき、パンツやジャケットの裾や丈を直してもらうイメージですよね。お直し代は、直す箇所にもよりますが、せいぜい500円から2千円ぐらい。商店街などで見かける「お直し屋さん」は店舗の大きさもクリーニング店ほどしかなく、とても儲かるビジネスには見えません。一体、どのような儲けの仕組みがあるのでしょうか。

それは、SARTOが掲げるサービスにその答えがありました。

服のリノベーション

リノベーションとは、不動産用語で「再生」を意味し、中古マンションの内装を変え、使い勝手やデザインを良くし、マンションの価値を高めることです。

SARTOは、サイズが合わなくなったものや、時代とともに見た目が古くなった服を、単なるお直しにとどまらずデザイン変更まで行い、本来消耗品である服を「不動産」に見立てリノベーションしているのです。

「そこまでやると、結構お金がかかるんじゃ……」その通りです。

実際、コートやレザーの服など、サイズを直すとなれば3万円以上かかる場合があります。

しかし、新しくレザーの服を買えば、10万以上はするでしょう。

結果、サイズを直して着たほうが安いということで着実にお客さんを増やしているのです。

量を取るか質を取るか

このビジネスは、人の手による作業です。つまり、在庫のリスクがありません。

高い利益が期待できますが、数をこなすことに手を出してはいけません。

なぜなら、「品質」を落とすことになりかねないからです。

量よりも質。顧客一人一人のリクエストが異なるビジネスでは、何よりも大切です。

この公式で考えられるビジネスモデルの例

同じ服の勝負でも、「服」そのものではなく、「お直し」で戦う。

さらにそこへ別の業界の考え方をプラスしてみる。

この発想で他に考えられるものとしては、
・カスタマイズ専門のPCショップ
↓メーカー品が一般的ですが、最初からカスタマイズを前提にユーザーのリクエストに応じて、様々なメーカーの部品を組み合わせて販売。
・英作文専門の英会話学校
→会話ではなく、文章作成に力をおいた英会話?·学校です。ビジネス文章や、英語で本を書きたい人向けのサービスです。
・アドバイス専門の保険代理店
→あくまで「アドバイス」のみに力を入れたサービスです。もちろん、アドバイスは有料。
・アドバイス専門の不動産屋
→建築の世界では、オーダーで家などを立てる際に、建築現場の管理を建築士が代わりに行なってくれるサービスがあります。同様に、賃貸を探している人向けに、有料で物件を探すサービスです。保険代理店とともに、いかに「中立性」を出せるかがカギです。
などが考えられそうです。

メインのビジネスではなく、周辺で戦う。

少なくとも、大手が参入してこない可能性が大きいので、スモールビジネスにはもってこいの発想です。ぜひ、いろいろと考えてみてください。

公式

49

顧客の負担を減らす

ビジネスモデルはどこかから「模倣」することに尽きます。

「それはわかるけど、どこを模倣すればいいのかが、見つけられない」

簡単です。お金が思いっきり眠っているところ、もしくは流れているところです。

ターゲットは市場の大きさで選びましょう。

とても役に立つのがこのサイトです。マウスポインタを載せると、市場規模と前年比も出る優れものです。

「市場規模マップ」(http://visualizing.info/?s= 市場規模)

このマップで上位5番目にある「不動産」で、見事なビジネスモデルを作り上げた事例をご紹介しましょう。

顧客の負担を減らす

2011年に設立されたばかりの会社です。

「日本商業不動産保証」(http://jpcpg.co.jp/)

企業名のとおり、メインの事業は「不動産賃貸保証」。

これだけを聞いているとどこにでもありそうな気がします。

他と大きく違うのは、オフィスビルへの入居にかかる「敷金や保証金」への保証という点。

ご存知のとおり、オフィスビルへの入居には家賃の半年分から1年分を入居時に支払う必要があります。

例えば、賃料20万円とすると、半年分なら120万円。1年なら240万円。資金に余裕のある会社ならどうってことはないのでしょうが、起業したてのベンチャーにとってはかなりの負担です。

そこでこの企業が行なったのが、「保証金半額」。

通常、入居するテナントが用意しなければならない保証金の半分を、代わりに保証するサービスです。

テナント企業はビルオーナーへは保証金を半分だけ支払う代わりに、日本商業不動産保証に保証料として、減額した金額の5%を支払います。

ビルオーナー側は、半分はテナントから、残り半分をこのサービスで代わりに保証してもらえるのでリスクはありません。

要は、保証金の半分を一時的に肩代わりすることによって、本来なら初期コストとして借り手に大きな負担になる保証金を減らしたわけです。

なぜうまくいくのか

不動産ビジネス全体の市場規模は、30兆円。そのうち、約3分の1の10兆円が保証金や敷金が占めるそうです。つまり、10兆円もの大金が眠っていることになります。

また、不動産ビジネスでは「保証金や敷金」は不可欠な要素です。

つまり、「需要」が尽きない。だから、ビジネスモデルさえ間違えなければうまくいくのです。

自社が儲かるという発想では出てこない

どうすれば、顧客の負担を軽減できるかという発想がなにより重要です。

この方法の先駆けとも言えるのが、

「ジャパネットたかた」(http://www.japanet.co.jp/)

金利、分割手数料をすべて自社で負担するというやり方で、今やショップチャンネル、QVCに続く日本第3位のテレビショッピング企業です。

紹介されている商品が欲しいけど、とはいえ大きな出費をするのには躊躇してしまう。他にも必要なものはあるし……。

この消費者の心の声を拾い上げ、「金利も手数料もかかりませんよ。だから、安心して月々数千円で購入してください」としたわけです。

ポイントは、「扱っている商品」は同じというところ。ここが「顧客の負担を軽減する方式」のキモです。

御社のビジネスで顧客が負担に感じている点を軽減できないか、検討してみてください。特に、業界の常識になっているところにそうした金鉱脈が眠っていることがあります。


この公式を使って考えられるビジネスモデルの例

利用を躊躇させてしまうのは、「お金」だけではありません。

サービスを利用しようと思っても、スムースにいかないかもしれない。その面倒くささを取り除くことも考えられます。
・予約制のアパレルショップ

↓探す手間を減らすことを目的に、会員制で事前に予約できるサービス。

・宅配の箱詰め作業代行

↓すでに韓国で存在するビジネスです。

・歯型を3Dプリンターで取る歯科医

↓こちらもすでに国内でサービスが開始されています。3Dプリンターで作ることで、従来なら数回来院が必要だったのが1回で済むそうです。

・引っ越し先での配置を提案する引っ越し屋

↓ソファや冷蔵庫といった大きなものはサイズを事前に測りますが、すべての物を測るわけではないので、引っ越してみたら入り切らない、置く場所がないということもあります。スマホやタブレットのアプリ開発が前提になりますが、荷物全体のボリュームを計算し、配置イメージを提案するサービス。

公式

50

サイズを小さくする

ビジネスは大きいほうが良いと考えがちですが、実はそうとも限りません。顧客ニーズが多様化しすぎ、すべてをカバーできない今、広げるよりも絞り込むほうが確実なのです。

例えば、飲食店の世界では、一昔前であれば、総花的な居酒屋やファミレスが活況でした。分厚いメニューがあって、和洋中なんでもあるみたいな。

しかし、今そうした総合的なスタイルは厳しい状況に陥っています。

そうした中で出てきたのが、サイズを小さくしたビジネスモデル。

飲食業界で見事な成果を出している事例をご紹介しましょう。

サイズを小さくする

和食惣菜で有名な「えん」が展開する「だし茶漬けえん」です。

(http://dashichazuke-en.com/)

店名の通り、提供されるのはだし茶漬け。掲げるコンセプトは「和食屋の高級ファーストフード」。

確かにお茶漬けは、ハンバーガーや牛丼と同じく、さっと食べることができますね。

特徴は2つ。まず、店舗が小さいこと。

大きさは街中で見かけるような昔からある喫茶店ほどです。スタバなどのコーヒーチェーンのように大規模ではなく、こぢんまりしています。

もう1つが、メニューが少ないこと。

10種類ほどのだし茶漬けしかありません。

なんでもあるほうがいいのでは？と思われるかもしれませんが、この数年で駅前を中心に17店舗まで拡大しており、なおも出店が続きそうな勢いです。

なぜ、成果が出るのか

さきほど挙げた特徴にその答えがあります。店舗が小さいことによって、

・出店がしやすい

→店舗用の空き不動産が探しやすい。所有面積が小さいので、家賃が安く済む

・人の確保がしやすい↓店舗スペースが小さいことで、配置する人数も少なく済む
また、メニューが少ないことによって、
・オペレーションミスが減る
・原価を抑える
などのメリットがあります。

さらに、「だし茶漬け えん」の場合、お店では調理せず、調理済みの具材を中央でまとめて作って、それを各店舗へ配送する「セントラル・キッチン」方式を取っています。実際、注文してからテーブルに配膳されるまで5分も待ちません。

また、セントラル・キッチンのほかに、「食券機」を設置。注文受付にまつわる手間とレジの運用も省き、オペレーションの時短も実現しています。

店舗が小さく、セントラル・キッチン方式や食券機の設置などによる省力化によって、一般的な居酒屋などではできない高い回転率を生み出しているのが成功の秘訣でしょう。


この公式を使って考えられるビジネスモデルの例

サイズを小さくして、回転率を上げるこのビジネスモデルで有名なのは、30分フィットネスの「カーブス」(http://www.curves.co.jp/)があります。

「えん」と同じく、ジムそのものの大きさを小さくすることで、住宅街など従来のスポーツジムでは出店できなかった立地に進出しています。

今や、その数は500カ所以上。シャワーブースをなくし、トレーニング機器も限定。コンビニに行く感覚でさっと汗を流す。まさにジム版の「ファーストフード」ですね。

これ以外に同じようにサイズを小さくして、回転率を狙えそうなものとして、

・在庫を置かない衣料店

↓いわゆる「ショールーミング」専用の店舗です。試着→購入の流れを、試着だけにする。購入はネットで。

実際、ZOZOTOWN（ゾゾタウン）が先行していますが、まだ顧客側が慣れていないことやテナント側との利害調整が難しい面もあり、それほど広がっていませんが、スマホが当たり前の今、時間の問題かもしれません。

・在庫を置かない家電量販店

↓衣料品とまったく同じです。衣料品以上に大きなスペースを必要とするテレビやオーディオ製品の在庫を置かずに済むとしたら……。その分、種類を置くことができますよね。

在庫を置かないシリーズは、この他にも「本屋」「酒屋」「ホームセンター」「化粧品」なども考えられそうです。

在庫にまつわるものではありませんが、ゲームセンターも同様のことが考えられます。韓国などには昔からありますが、「オンラインゲーム専用のゲームセンター」です。大きな業務用ゲーム機ではなく、パソコンやプレイステーションなど家庭用据え付け型ゲーム機を置く。

特に、パソコン用のゲームはそのクオリティが毎年のように上がるため、使用するパソコンの買い替えにかなりの出費を要します。そこでゲームセンター感覚で（可能であれば定額で、パスポートなど発行）できれば、かなり需要が見込めそうです。

酒井 威津善（さかい・いつよし）
フィナンシャル・ノート代表。ビジネスモデルアナリスト。
東洋情報システム（現ＴＩＳ株式会社）にて10年間に渡り、法人向けシステム提案、企画・設計に従事したのち、不動産証券化業、住宅建設業、人材紹介業、システム開発業、遊技機製造業などで計12年間ＣＦＯを歴任。２０１３年より独立。様々な業界の財務モデルに基づく実践型ビジネスモデル構築ツール「BM Schema（ビジネスモデルスキーマ）」を用いて、所員３名の税理士法人、年商１億２千万円の小売業、年商42億円の住宅メーカー向けに事業基盤再構築、新ビジネスモデル構築を実施し、キャッシュ・フローを前年比１１０％以上に改善するなどに成功。現在、年商50億円規模の中小企業を中心に、財務コンサルティングから新規事業の企画、設計及びサポートなどを行っている。
ＷＥＢサイト：新しいビジネスモデルの発見とヒント集
http://financial-note.com/
掲載コラム：シェアーズカフェ・オンライン
http://sharescafe.net/author/itsusakai

出版プロデュース：潮凪 洋介

儲《もう》けのしくみ
50万円からできるビジネスモデル50

二〇一七年（平成二十九年）四月二十二日　初版第一刷発行
二〇一八年（平成三十年）七月十六日　初版第十一刷発行

著者　酒井 威津善
発行者　伊藤 滋
発行所　株式会社自由国民社
東京都豊島区高田三―一〇―一一
〒一七一―〇〇三三 http://www.jiyu.co.jp/
振替〇〇一〇〇―六―一八九〇〇九
電話〇三―六二三三―〇七八一（代表）

造本　ＪＫ
印刷所　新灯印刷株式会社
製本所　新風製本株式会社